JN094395

本書の特色と使い方

4段階のステップ学習で、豊かな学力が形成されます。

「音読」「なぞり書き」「書き写し」「暗唱」の4段階のシートで教科書教材を深く理解でき、ゆっくり学んでいくうちに、豊かな学力が形成されます。

ゆっくりていねいに、段階を追った学習ができます。

問題量を少なくした、ゆったりとした紙面構成で、読み書きが苦手な子どもでも、ゆっくりていねいに、段階を追って学習することができます。また、漢字が苦手な子どもでも、学習意欲が減退しないように、問題文の全てにかな文字を記載しています。

光村図書・東京書籍・教育出版の国語教科書から抜粋した詩・物語・説明文教材の問題などを掲載しています。

教科書掲載教材を使用して、授業の進度に合わせて予習・復習ができます。三社の優れた教科書教材を掲載しておりますので、ぜひご活用ください。

どの子も理解できるよう、お手本や例文を記載しています。

問題の考え方や答えの書き方の理解を補助するものとして、はじめに、なぞり書きのできるグレー文字のお手本があります。また、文作りでは例文も記載しています。

あたたかみのあるイラストで、文作りの場面理解を支援しています。

わかりやすいイラストで、文章の理解を深めます。生活の場面をイラストにして、そのイラストに言葉をそえています。イラストにそえられた言葉を手がかりに、子ども自らが文を作れるように配慮してあります。また、イラストの色塗りなども楽しめます。

支援教育の専門の先生の指導をもとに、本書を作成しています。

教科書の内容や構成を研究し、小学校の特別支援学級や支援教育担当の先生方、専門の研究者の先生方のアドバイスをもとに問題を作成しています。

※ワークシートの解答例について（お家の方や先生方へ）

本書の解答は、あくまでもひとつの「解答例」です。お子さまに取り組ませる前に、必ず指導される方が問題を解いてください。指導される方の作られた解答をもとに、お子さまの多様な考えに寄り添って〇つけをお願いします。

もっとゆっくりていねいに学べる　**作文ワーク基礎編**

（光村図書・東京書籍・教育出版の教科書教材より抜粋）

2—②　目《もく》次《じ》

書《か》き写《うつ》し・音《おん》読《どく》・暗《あん》唱《しょう》

書き写し・音読・暗唱　シートの見分け方

…音読・なぞり書き
…音読・書き写し
…音読・覚える・なぞり書き
…暗唱・覚えて書く

赤《あか》とんぼ　①

名前

しを　音読《おんどく》してから、書《か》き　うつしましょう。

つくつくほうしが
つくつくほうしが
なくころになると、
なくころになると、
あの
あの
ゆうびんのマークが、
ゆうびんのマークが、

★書《か》き　おわったら、もう　いちど、音読《おんどく》しましょう。

（令和二年度版　光村図書　こくご　二下　赤とんぼ　まど・みちお）

赤《あか》とんぼ　②

名前

しを　音読《おんどく》してから、書《か》き　うつしましょう。

つくつくほうしが
なくころになると、
あの
ゆうびんのマークが、

★書《か》き　おわったら、もう　いちど、音読《おんどく》しましょう。

（令和二年度版　光村図書　こくご　二下　赤とんぼ　まど・みちお）

赤《あか》とんぼ ③

名前

しを 音読《おんどく》してから、書《か》き うつしましょう。

きっと
きっと
知らせにきます。
知《し》らせにきます。
金色の空から
金《きん》色《いろ》の空《そら》から
もう
もう

あきですよ……って。
あきですよ……って。

★書《か》き おわったら、もう いちど、音読《おんどく》しましょう。

（令和二年度版 光村図書 こくご 二下 赤とんぼ まど・みちお）

赤《あか》とんぼ ④

名前

しを 音読《おんどく》してから、書《か》き うつしましょう。

きっと

知《し》らせにきます。

金色《きんいろ》の空《そら》から

もう

あきですよ……って。

★書《か》き おわったら、もう いちど、音読《おんどく》しましょう。

（令和二年度版 光村図書 こくご 二下 赤とんぼ まど・みちお）

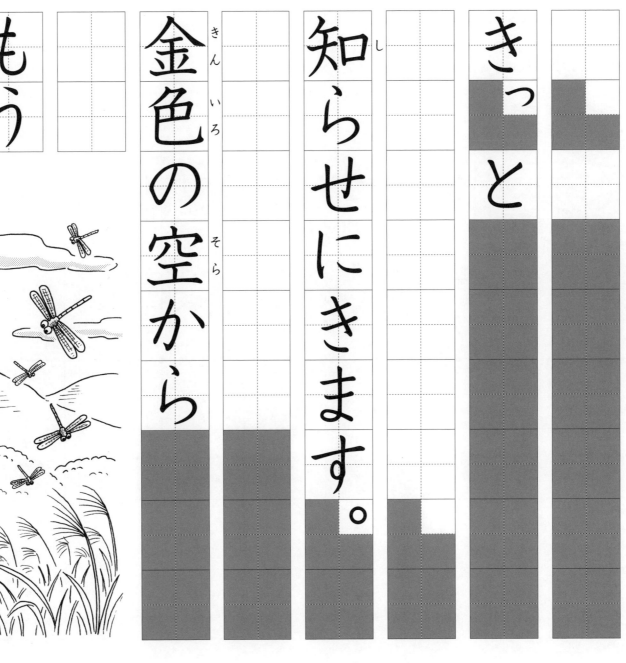

赤《あか》とんぼ　⑤

名前

しを　音読《おんどく》して、おぼえましょう。また、しを　書《か》きましょう。

つくつくほうしが
なくころになると、
あの
ゆうびんのマークが、
きっと
知《し》らせにきます。
金色《きんいろ》の空《そら》から
もう
あきですよ・・・・って。

★書《か》き　おわったら、もう　いちど、音読《おんどく》しましょう。

（令和二年度版　光村図書　こくご　二下　赤とんぼ　まど・みちお）

赤《あか》とんぼ　⑥

名前

しを　あんしょうしましょう。おぼえたら　書《か》きましょう。

つ

ほ

な

な

あ

ゆ

マ

き

知《し》

金《きん》　いろ　空《そら》

も

あ

★書《か》き　おわったら、もう　いちど、音読《おんどく》しましょう。

（令和二年度版　光村図書　こくご　二下　赤とんぼ　まど・みちお）

あまやどり　①

しを　音読《おんどく》してから、書《か》き　うつしましょう。

名前

あまやどり

つるみ　まさお

ゆうだち
ふって　きた
あっちから　きみが
こっちから　ぼくが
あたまを　かかえて

★書《か》き　おわったら、もう　いちど、音読《おんどく》しましょう。

（令和二年度版　東京書籍　新しい国語　二下　つるみ　まさお）

あまやどり ②

名前

しを 音読《おんどく》してから、書《か》き うつしましょう。

あまやどり

つるみ まさお

ゆうだち
ふって きた
あっちから きみが
こっちから ぼくが
あたまを かかえて

★書《か》き おわったら、もう いちど、音読《おんどく》しましょう。

（令和二年度版 東京書籍 新しい国語 二下 つるみ まさお）

あまやどり ③

名前

しを 音読《おんどく》してから、書《か》き うつしましょう。

とびこんだ
とびこんだ
大きな 木の かさ
大《おお》きな 木《き》の かさ
きみの かさ
きみの かさ
ぼくの かさ
ぼくの かさ
のしたで
のしたで

★書《か》き おわったら、もう いちど、音読《おんどく》しましょう。

（令和二年度版 東京書籍 新しい国語 二下 つるみ まさお）

🐰 しを　音読してから、書き　うつしましょう。

とびこんだ

大きな　木の　かさ

きみの　かさ

ぼくの　かさ

★書き　おわったら、もう　いちど、音読しましょう。

のしたで

（令和二年度版　東京書籍　新しい国語　二下　つるみ　まさお）

15

あまやどり ⑤

名前

しを 音読《おんどく》してから、書《か》き うつしましょう。

ゆうだち
はれちゃった
あっち いく きみと
こっち いく ぼくと
にっこり わらって
あくしゅした

★書《か》き おわったら、もう いちど、音読《おんどく》しましょう。

（令和二年度版 東京書籍 新しい国語 二下 つるみ まさお）

あまやどり ⑥

名前

しを 音読《おんどく》してから、書《か》き うつしましょう。

ゆうだち
はれちゃった
あっち いく きみと
こっち いく ぼくと
にっこり わらって
あくしゅした

★書《か》き おわったら、もう いちど、音読《おんどく》しましょう。

（令和二年度版 東京書籍 新しい国語 二下 つるみ まさお）

あまやどり ⑦

名前

しを　音読《おんどく》してから、書《か》き　うつしましょう。

大きな　木の　かさ

大《おお》きな　木《き》の　かさ

きみの　かさ

きみの　かさ

ぼくの　かさ

ぼくの　かさ

のしたで

のしたで

★書《か》き　おわったら、もう　いちど、音読《おんどく》しましょう。

（令和二年度版　東京書籍　新しい国語　二下　つるみ　まさお）

あまやどり ⑧

名前

しを 音読《おんどく》してから、書《か》き うつしましょう。

大《おお》きな 木《き》の かさ

きみの かさ

ぼくの かさ

の したで

★書《か》き おわったら、もう いちど、音読《おんどく》しましょう。

（令和二年度版 東京書籍 新しい国語 二下 つるみ まさお）

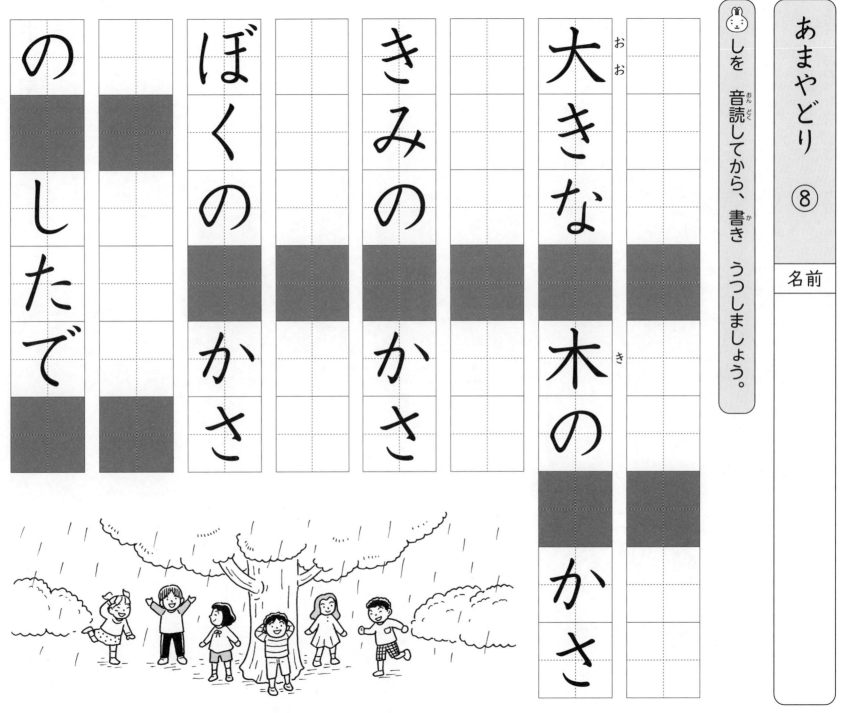

あまやどり ⑨

名前

しを 音読《おんどく》して、おぼえましょう。また、しを 書《か》きましょう。

あまやどり

つるみ まさお

ゆうだち
ふってきた
あっちから きみが
こっちから ぼくが
あたまを かかえて
とびこんだ

★書《か》き おわったら、もう いちど、音読《おんどく》しましょう。

（令和二年度版 東京書籍 新しい国語 二下 つるみ まさお）

あまやどり

⑩

名前

しを　あんしょうしましょう。おぼえたら　書《か》きましょう。

あまやどり

つるみ　まさお

ゆ
ふ　き
あ　き
こ　ぼ
あ　か
と

★書《か》き　おわったら、もう　いちど、音読《おんどく》しましょう。

（令和二年度版　東京書籍　新しい国語　二下　つるみ　まさお）

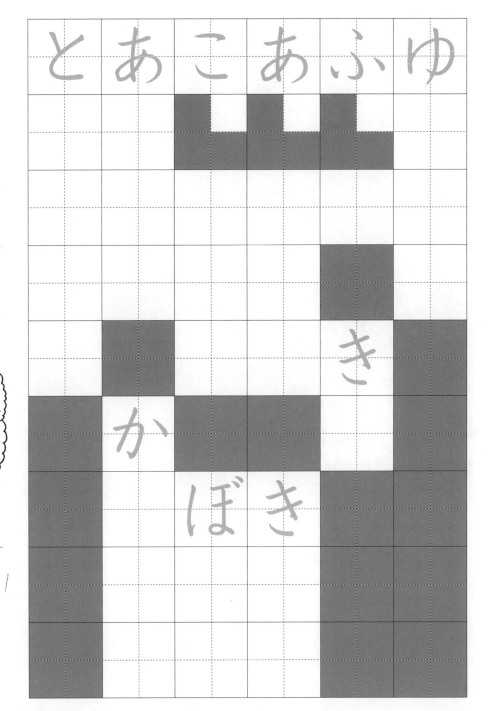

あまやどり ⑪

名前

しを　音読《おんどく》して、おぼえましょう。また、しを　書《か》きましょう。

大《おお》きな　木《き》の　かさ

きみの　かさ

ぼくの　かさ

のしたで

★書《か》き　おわったら、もう　いちど、音読《おんどく》しましょう。

（令和二年度版　東京書籍　新しい国語　二下　つるみ　まさお）

あまやどり ⑫

名前

しを　あんしょうしましょう。おぼえたら　書《か》きましょう。

大《おお》
木《き》
か

き
か

ぼ
か

の
し

★書《か》き　おわったら、もう　いちど、音読《おんどく》しましょう。

（令和二年度版　東京書籍　新しい国語　二下　つるみ　まさお）

あまやどり ⑬

名前

しを 音読《おんどく》して、おぼえましょう。また、しを 書《か》きましょう。

ゆうだち

はれちゃった

あっち いく きみと

こっち いく ぼくと

にっこり わらって

あくしゅした

大《おお》きな 木《き》の かさ

きみの かさ

ぼくの かさ

のしたで

★書《か》き おわったら、もう いちど、音読《おんどく》しましょう。

（令和二年度版 東京書籍 新しい国語 二下 つるみ まさお）

あまやどり　⑭

名前

しを　あんしょうしましょう。おぼえたら　書《か》きましょう。

ゆ
は
あ　い　き
こ　い　ぼ
に　わ
あ
大《おお》　木《き》　か
き　か
ぼ　か
の　し

★書《か》き　おわったら、もう　いちど、音読《おんどく》しましょう。

（令和二年度版　東京書籍　新しい国語　二下　つるみ　まさお）

やま ①

名前

しを 音読《おんどく》してから、書《か》き うつしましょう。

やま

かんざわ としこ

ゆうべの あめが
すっきり はれて
やまは ごきげん

★書《か》き おわったら、もう いちど、音読《おんどく》しましょう。

（令和二年度版 光村図書 こくご 二下 赤とんぼ かんざわ としこ）

やま ②

名前

しを 音読《おんどく》してから、書《か》き うつしましょう。

やま

ゆうべの あめが
すっきり はれて
やまは ごきげん

かんざわ としこ

★書《か》き おわったら、もう いちど、音読《おんどく》しましょう。

（令和二年度版 光村図書 こくご 二下 赤とんぼ かんざわ としこ）

やま ③

名前

しを 音読《おんどく》してから、書《か》き うつしましょう。

あかい きいろい

あかい きいろい

もみじきて

もみじきて

くもを だっこして

くもを だっこして

すわってる

すわってる

★書《か》き おわったら、もう いちど、音読《おんどく》しましょう。

（令和二年度版 光村図書 こくご 二下 赤とんぼ かんざわ としこ）

やま ④

名前

しを　音読《おんどく》してから、書《か》き　うつしましょう。

あかい　きいろい
もみじきて
くもを　だっこして
すわってる

★書《か》き　おわったら、もう　いちど、音読《おんどく》しましょう。

（令和二年度版　光村図書　こくご　二下　赤とんぼ　かんざわ　としこ）

やま ⑤

名前

しを 音読《おんどく》して、おぼえましょう。また、しを 書《か》きましょう。

やま

かんざわ としこ

ゆうべの あめが
すっきり はれて
やまは ごきげん
あかい きいろい
もみじきて
くもを だっこして
すわってる

★書《か》き おわったら、もう いちど、音読《おんどく》しましょう。

（令和二年度版　光村図書　こくご　二下　赤とんぼ　かんざわ　としこ）

やま ⑥

名前

しを　あんしょうしましょう。おぼえたら　書《か》きましょう。

やま

かんざわ　としこ

ゆ　あ
す　は
や　ご
あ　き
も　い
く　だ
す

★書《か》き　おわったら、もう　いちど、音読《おんどく》しましょう。

（令和二年度版　光村図書　こくご　二下　赤とんぼ　かんざわ　としこ）

ビーバーの 大工事《だいこうじ》 ①

名前

文《ぶん》しょうを 音読《おんどく》してから、書《か》き うつしましょう。

ここは、北《きた》アメリカ。

大《おお》きな 森《もり》の 中《なか》の

川《かわ》の ほとりです。

★書《か》き おわったら、もう いちど、音読《おんどく》しましょう。

（令和二年度版 東京書籍 新しい国語 二下 なかがわ しろう）

ビーバーの 大工事《だいこうじ》 ②

名前

文《ぶん》しょうを 音読《おんどく》してから、書《か》き うつしましょう。

ビーバーが、木《き》の
みきを かじって
います。

ガリガリ、ガリガリ。
すごい はやさです。

★書《か》き おわったら、もう いちど、音読《おんどく》しましょう。

（令和二年度版　東京書籍　新しい国語　二下　なかがわ　しろう）

ビーバーの 大工事《だいこうじ》 ③

名前

文《ぶん》しょうを 音読《おんどく》してから、書《か》き うつしましょう。

根元

木《き》の 根元《ねもと》には、

たちまち 木《き》の

かわや 木《き》くずが

とびちり、

★書《か》き おわったら、もう いちど、音読《おんどく》しましょう。

（令和二年度版 東京書籍 新しい国語 二下 なかがわ しろう）

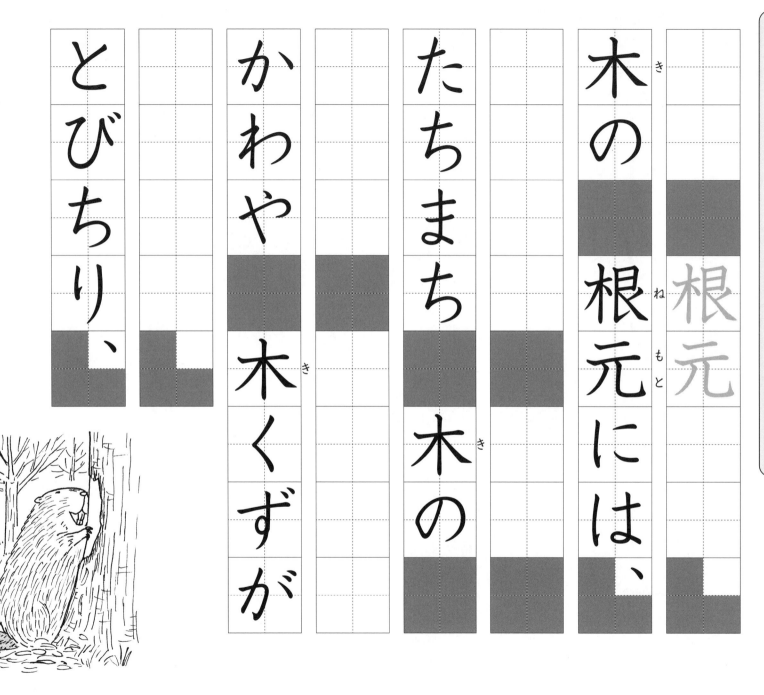

ビーバーの 大工事《だいこうじ》 ④

名前

文《ぶん》しょうを 音読《おんどく》してから、書《か》き うつしましょう。

みきの 回《まわ》りが

五《ご》十《じゅっ》センチメートル

いじょうも ある

木《き》が、

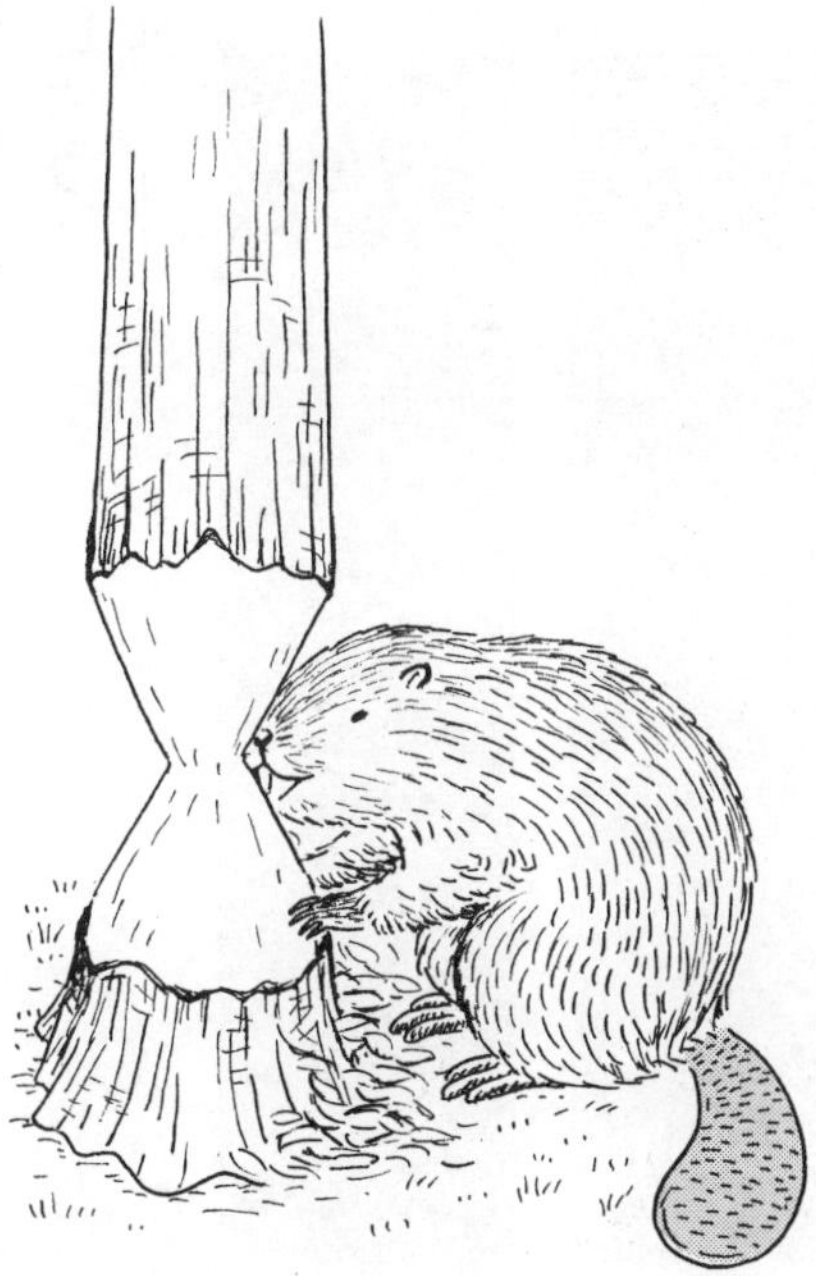

★書《か》き おわったら、もう いちど、音読《おんどく》しましょう。

（令和二年度版 東京書籍 新しい国語 二下 なかがわ しろう）

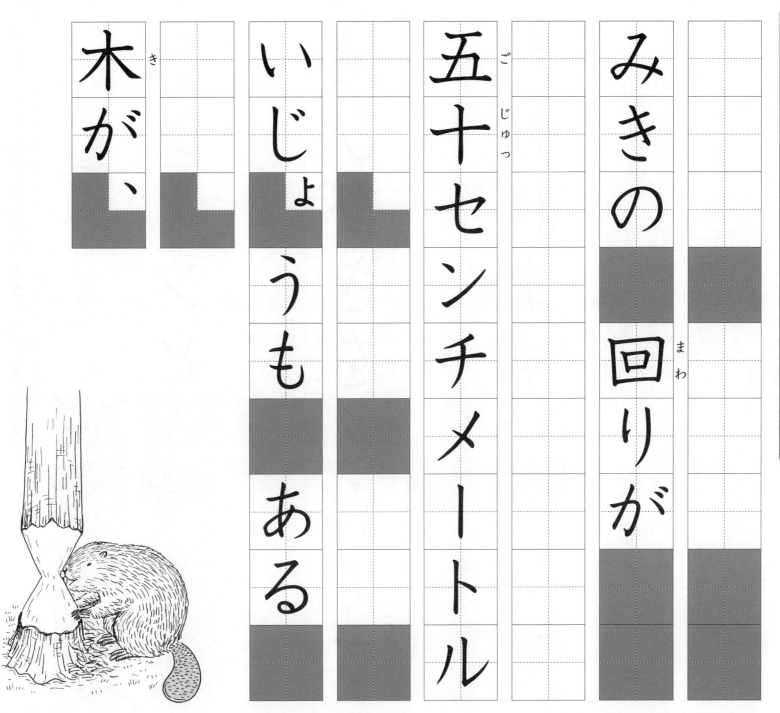

ビーバーの 大工事《だいこうじ》 ⑤

名前

文《ぶん》しょうを 音読《おんどく》してから、書《か》き うつしましょう。

ドシーンと

地《じ》ひびきを

立《た》てて

たおれます。

★書《か》き おわったら、もう いちど、音読《おんどく》しましょう。

（令和二年度版 東京書籍 新しい国語 二下 なかがわ しろう）

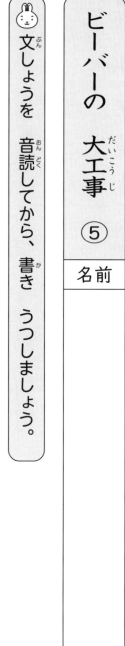

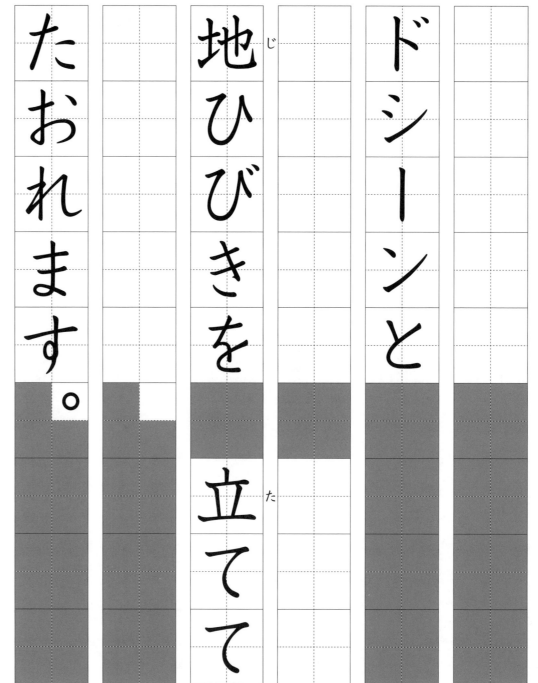

てんとうむし ①

名前

しを 音読《おんどく》してから、書《か》き うつしましょう。

てんとうむし

かわさき ひろし

いっぴきでも
いっぴきでも
てんとうむしだよ
てんとうむしだよ
ちいさくても
ちいさくても
ぞうと おなじ
ぞうと おなじ
いのちを
いのちを

★書《か》き おわったら、もう いちど、音読《おんどく》しましょう。

（令和二年度版 教育出版 ひろがることば 小学国語 二下 かわさき ひろし）

てんとうむし ②

名前

しを 音読《おんどく》してから、書《か》き うつしましょう。

てんとうむし

かわさき ひろし

いっぴきでも
てんとうむしだよ
ちいさくても
ぞうと おなじ
いのちを

★書《か》き おわったら、もう いちど、音読《おんどく》しましょう。

（令和二年度版 教育出版 ひろがることば 小学国語 二下 かわさき ひろし）

てんとうむし ③

名前

しを 音読《おんどく》してから、書《か》き うつしましょう。

いっこ　もっている
ぼくを　みつけたら
こんにちはって
いってね
そしたら　ぼくも

★書《か》き おわったら、もう いちど、音読《おんどく》しましょう。

（令和二年度版　教育出版　ひろがることば　小学国語　二下　かわさき ひろし）

てんとうむし ④

名前

しを　音読《おんどく》してから、書《か》き　うつしましょう。

いっこ　もっている
ぼくを　みつけたら
こんにちはって
いってね
そしたら　ぼくも

★書《か》き　おわったら、もう　いちど、音読《おんどく》しましょう。

（令和二年度版　教育出版　ひろがることば　小学国語　二下　かわさき　ひろし）

てんとうむし ⑤

名前

しを 音読《おんどく》してから、書《か》き うつしましょう。

てんとうむしの
てんとうむしの
ことばで
ことばで
こんにちはって
こんにちはって
いうから
いうから
きみには
きみには
きこえないけど
きこえないけど

★書《か》き おわったら、もう いちど、音読《おんどく》しましょう。

（令和二年度版 教育出版 ひろがることば 小学国語 二下 かわさき ひろし）

てんとうむし ⑥

名前

しを　音読《おんどく》してから、書《か》き　うつしましょう。

てんとうむしの
ことばで
こんにちはって
いうから
きみには
きこえないけど

★書《か》き　おわったら、もう　いちど、音読《おんどく》しましょう。

（令和二年度版　教育出版　ひろがることば　小学国語　二下　かわさき　ひろし）

てんとうむし ⑦

名前

しを　音読《おんどく》して、おぼえましょう。また、しを　書《か》きましょう。

てんとうむし

かわさき ひろし

いっぴきでも
てんとうむしだよ
ちいさくても
ぞうとおなじ
いのちを
いっこもっている
ぼくをみつけたら
こんにちはって
いってね

★書《か》き　おわったら、もう　いちど、音読《おんどく》しましょう。

（令和二年度版　教育出版　ひろがることば　小学国語　二下　かわさき ひろし）

てんとうむし ⑧

名前

しを あんしょうしましょう。おぼえたら 書《か》きましょう。

てんとうむし

かわさき ひろし

い

て

ち

ぞ　お

い

い　も

ぼ　み

こ

い

★書《か》き おわったら、もう いちど、音読《おんどく》しましょう。

（令和二年度版 教育出版 ひろがることば 小学国語 二下 かわさき ひろし）

てんとうむし ⑨

名前

しを 音読《おんどく》して、おぼえましょう。また、しを 書《か》きましょう。

そしたら　ぼくも
てんとうむしの
ことばで
こんにちはって
いうから
きみには
きこえないけど

★書《か》き おわったら、もう いちど、音読《おんどく》しましょう。

（令和二年度版　教育出版　ひろがることば　小学国語　二下　かわさき ひろし）

てんとうむし ⑩

名前

しを あんしょうしましょう。おぼえたら 書《か》きましょう。

そ
て
こ
こ
い
き
き
ぼ

★書《か》き おわったら、もう いちど、音読《おんどく》しましょう。

（令和二年度版 教育出版 ひろがることば 小学国語 二下 かわさき ひろし）

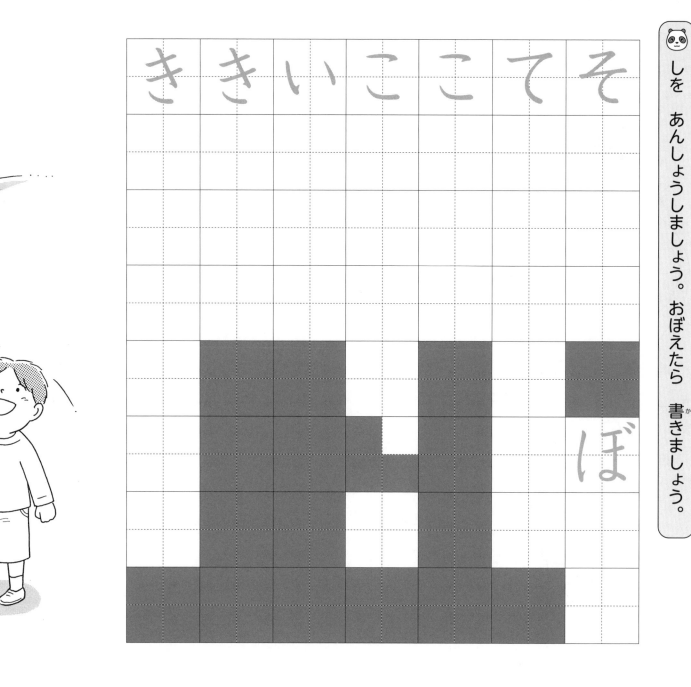

しを　音読してから、書き　うつしましょう。

★書き　おわったら、もう　いちど、音読しましょう。

木（き）

木は　いいな、

木は　いいな、
ことりが　とまりに
ことりが　とまりに
くるから。
くるから。

しみず　たみこ

（令和二年度版　教育出版　ひろがることば　小学国語　二下　しみず　たみこ）

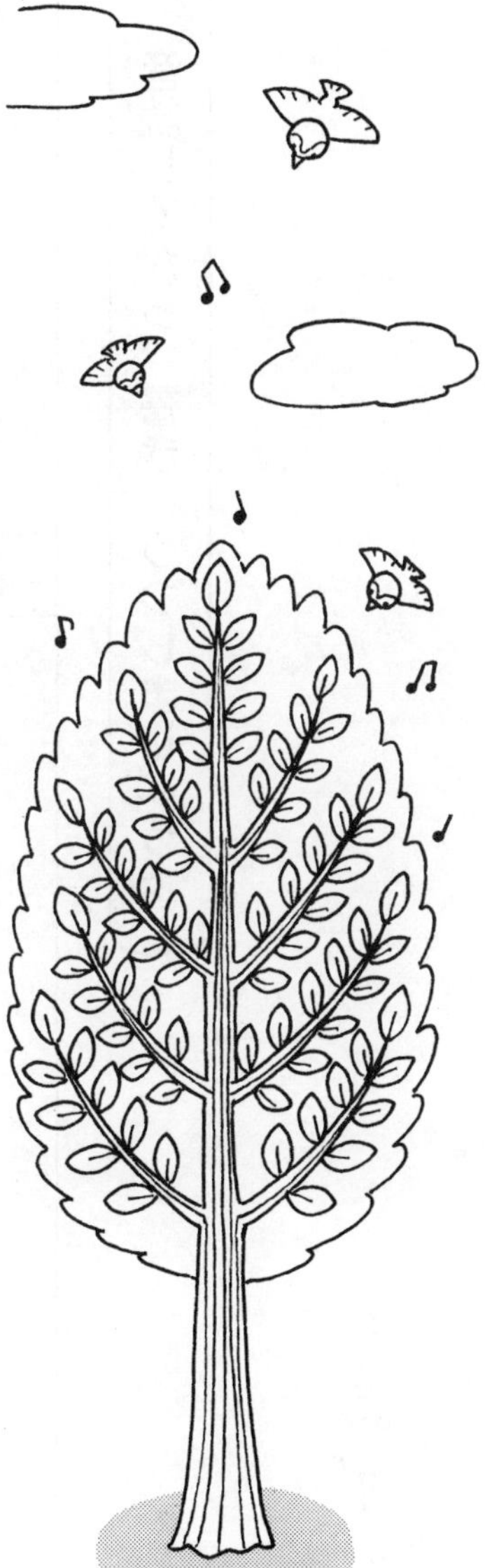

木《き》 ②

名前

しを　音読《おんどく》してから、書《か》き　うつしましょう。

木《き》

しみず　たみこ

木《き》は　いいな、

ことりが　とまりに

くるから。

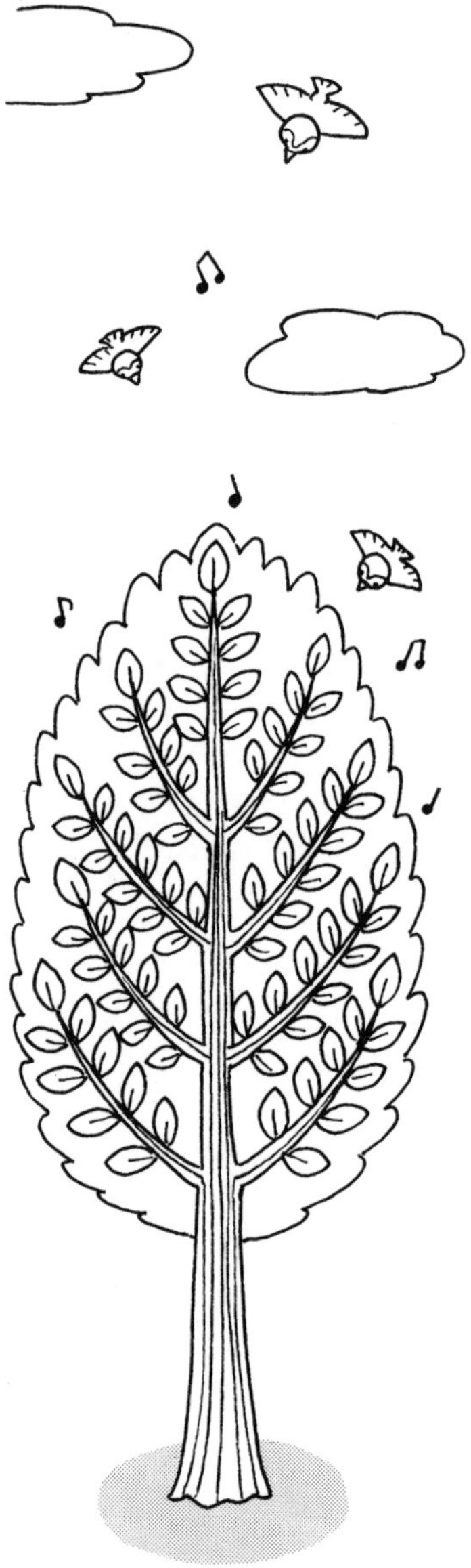

★書《か》き　おわったら、もう　いちど、音読《おんどく》しましょう。

（令和二年度版　教育出版　ひろがることば　小学国語　二下　しみず　たみこ）

木《き》 ③

名前

しを 音読《おんどく》してから、書《か》き うつしましょう。

ぼく、

ぼく、

木に なりたい。

木《き》に なりたい。

ぼくの 木に、

ぼくの 木《き》に、

すずめが たくさん

すずめが たくさん

とまりに きたら、

とまりに きたら、

★書《か》き おわったら、もう いちど、音読《おんどく》しましょう。

（令和二年度版 教育出版 ひろがることば 小学国語 二下 しみず たみこ）

木《き》　④

名前

しを　音読《おんどく》してから、書《か》き　うつしましょう。

ぼく、

木《き》に　なりたい。

ぼくの　木《き》に、

すずめが　たくさん

とまりに　きたら、

★書《か》き　おわったら、もう　いちど、音読《おんどく》しましょう。

（令和二年度版　教育出版　ひろがることば　小学国語　二下　しみず　たみこ）

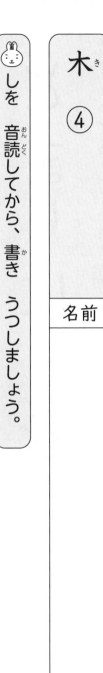

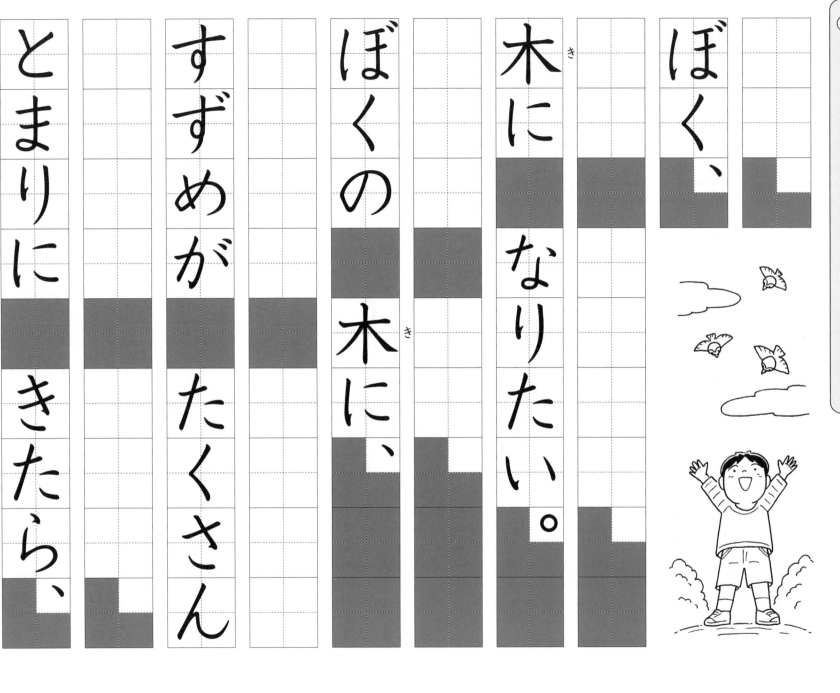

木《き》　⑤

名前

しを　音読《おんどく》してから、書《か》き　うつしましょう。

うれしくて、
うれしくて、
くすぐったくて、
くすぐったくて、
からだじゅうの
からだじゅうの
はっぱを
はっぱを
ちらちらさせて、
ちらちらさせて、
わらっちゃう。
わらっちゃう。

★書《か》き　おわったら、もう　いちど、音読《おんどく》しましょう。

(令和二年度版　教育出版　ひろがることば　小学国語　二下　しみず　たみこ)

木《き》 ⑥

名前

しを　音読《おんどく》してから、書《か》き　うつしましょう。

うれしくて、
くすぐったくて、
からだじゅうの
はっぱを
ちらちらさせて、
わらっちゃう。

★書《か》き　おわったら、もう　いちど、音読《おんどく》しましょう。

（令和二年度版　教育出版　ひろがることば　小学国語　二下　しみず　たみこ）

木《き》 ⑦

名前

しを　音読《おんどく》して、おぼえましょう。また、しを　書《か》きましょう。

木《き》

しみず たみこ

木《き》は　いいな、
ことりが　とまりに
くるから。
ぼく、
木《き》に　なりたい。

★書《か》き　おわったら、もう　いちど、音読《おんどく》しましょう。

（令和二年度版　教育出版　ひろがることば　小学国語　二下　しみず　たみこ）

木《き》 ⑧

名前

しを あんしょうしましょう。おぼえたら 書《か》きましょう。

木《き》

しみず たみこ

木《き》　い

こ　と

く

ぼ

木《き》　な

★書《か》き おわったら、もう いちど、音読《おんどく》しましょう。

（令和二年度版 教育出版 ひろがることば 小学国語 二下 しみず たみこ）

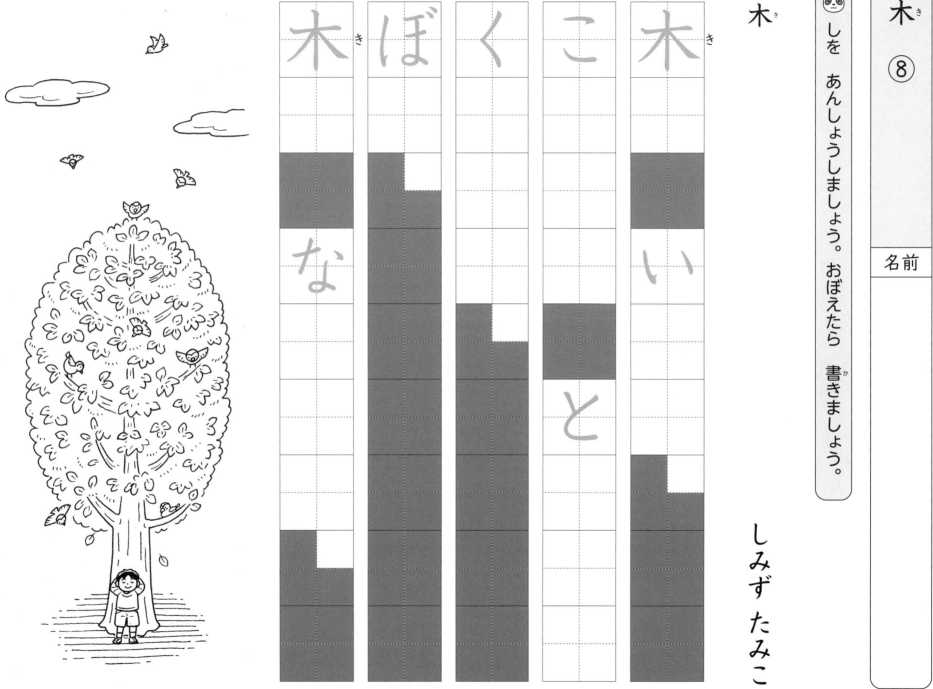

木《き》 ⑨

名前

しを 音読《おんどく》して、おぼえましょう。また、しを 書《か》きましょう。

ぼくの 木《き》に、
すずめが たくさん
とまりに きたら、
うれしくて、
くすぐったくて、
からだじゅうの
はっぱを
ちらちらさせて、
わらっちゃう。

★書《か》き おわったら、もう いちど、音読《おんどく》しましょう。

（令和二年度版 教育出版 ひろがることば 小学国語 二下 しみず たみこ）

木《き》 ⑩

名前

しを　あんしょうしましょう。おぼえたら　書《か》きましょう。

ぼ　木《き》

す　た

と　き

う

く

か

は

ち

わ

★書《か》き　おわったら、もう　いちど、音読《おんどく》しましょう。

（令和二年度版　教育出版　ひろがることば　小学国語　二下　しみず　たみこ）

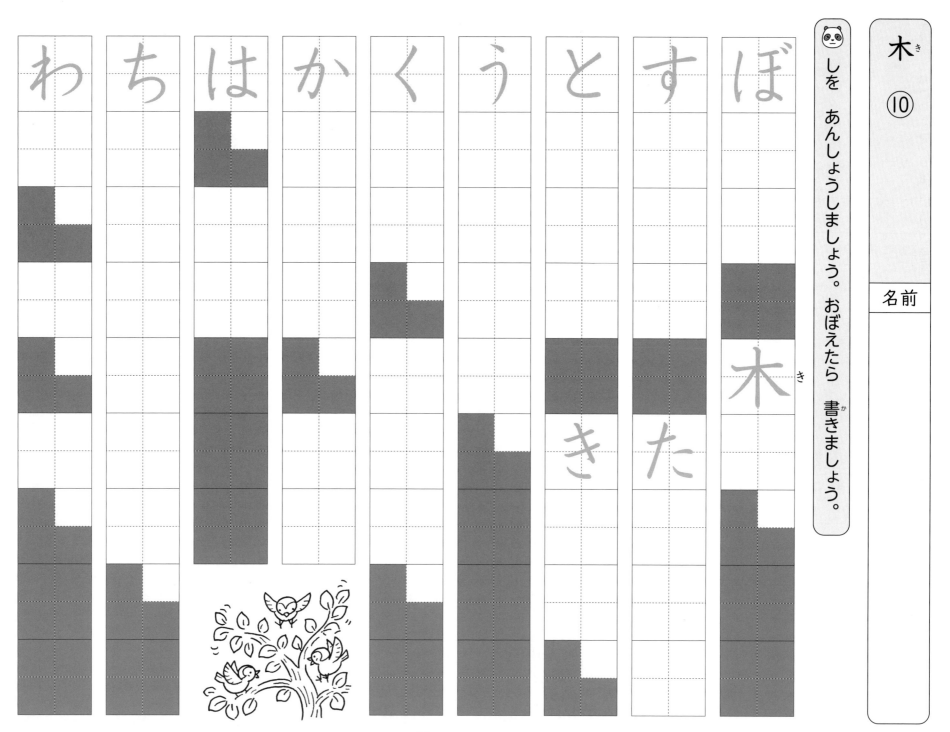

わたしはおねえさん ①

名前

文《ぶん》しょうを 音読《おんどく》してから、書《か》き うつしましょう。

歌《うた》を作《つく》るのがすきな
すみれちゃんが、また
一《ひと》つ、歌《うた》を作《つく》りました。
こんな歌《うた》です。

★書《か》き おわったら、もう いちど、音読《おんどく》しましょう。

（令和二年度版 光村図書 こくご 二下 赤とんぼ いしい むつみ）

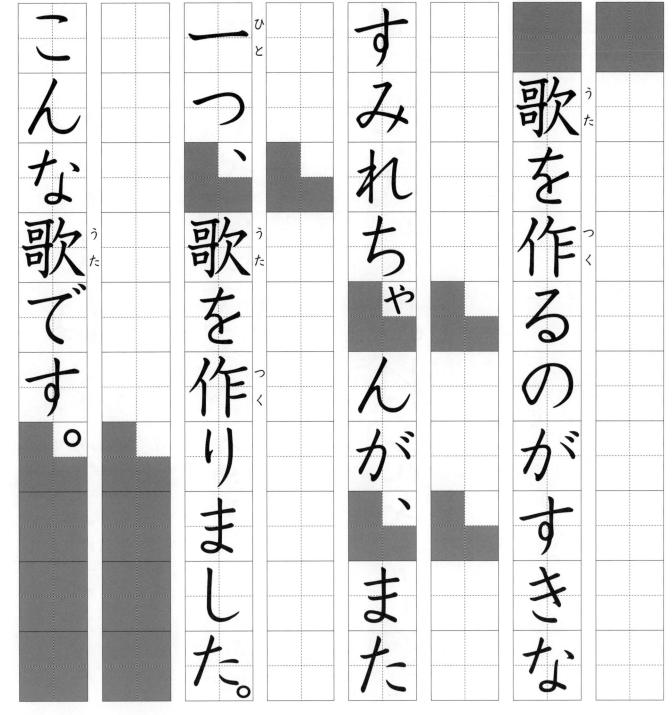

わたしはおねえさん ②

名前

文《ぶん》しょうを 音読《おんどく》してから、書《か》き うつしましょう。

わたしはおねえさん

やさしいおねえさん

元気《げんき》なおねえさん

★書《か》き おわったら、もう いちど、音読《おんどく》しましょう。

（令和二年度版 光村図書 こくご 二下 赤とんぼ いしい むつみ）

わたしはおねえさん ③

名前

文《ぶん》しょうを　音読《おんどく》してから、書《か》き　うつしましょう。

ちっちゃなかりんの

おねえさん

一年生《いちねんせい》の子《こ》の

おねえさん

すごいでしょ

★書《か》き　おわったら、もう　いちど、音読《おんどく》しましょう。

（令和二年度版　光村図書　こくご　二下　赤とんぼ　いしい　むつみ）

わたしはおねえさん ④

名前

文《ぶん》しょうを　音読《おんどく》してから、書《か》き　うつしましょう。

「おねえさんって、ちょっぴりえらくて

やさしくて、がんばるものでああ、二年生《にねんせい》になってしあわせ。」

★書《か》き　おわったら、もう　いちど、音読《おんどく》しましょう。

（令和二年度版　光村図書　こくご　二下　赤とんぼ　いしい　むつみ）

わたしはおねえさん ⑤

名前

文《ぶん》しょうを 音読《おんどく》してから、書《か》き うつしましょう。

この歌《うた》を歌《うた》うたびに、すみれちゃんはそう思《おも》いました。けさも、この歌《うた》を歌《うた》っています。

★書《か》き おわったら、もう いちど、音読《おんどく》しましょう。

（令和二年度版 光村図書 こくご 二下 赤とんぼ いしい むつみ）

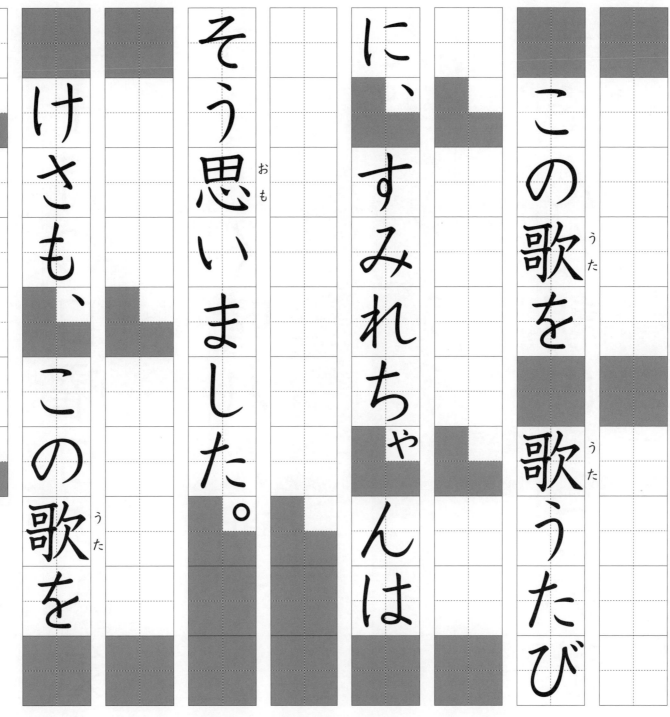

わたしはおねえさん ⑥

名前

文《ぶん》しょうを 音読《おんどく》してから、書《か》き うつしましょう。

十月《じゅうがつ》の日曜日《にちようび》の、気《き》もちよく晴《は》れた朝《あさ》でした。

そんな朝《あさ》にこの歌《うた》を歌《うた》うと、

★書《か》き おわったら、もう いちど、音読《おんどく》しましょう。

（令和二年度版　光村図書　こくご　二下　赤とんぼ　いしい　むつみ）

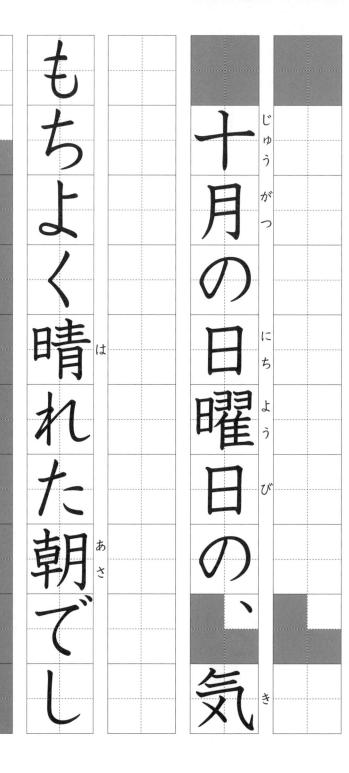

わたしはおねえさん ⑦

名前

文《ぶん》しょうを 音読《おんどく》してから、書《か》き うつしましょう。

お天《てん》気《き》も、すみれちゃ

んの気《き》もちも、もっと

ぴかぴかとかがやくよ

うに、すみれちゃんに

は思《おも》えるのでした。

★書《か》き おわったら、もう いちど、音読《おんどく》しましょう。

（令和二年度版 光村図書 こくご 二下 赤とんぼ いしい むつみ）

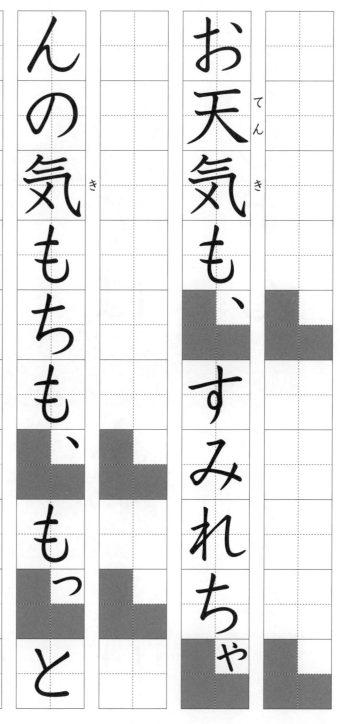

ゆき ①

名前

しを 音読《おんどく》してから、書《か》き うつしましょう。

ゆき

（文部省唱歌《もんぶしょうしょうか》）

ゆきや こんこ
あられや こんこ
ふっては ふっては
ずんずん つもる

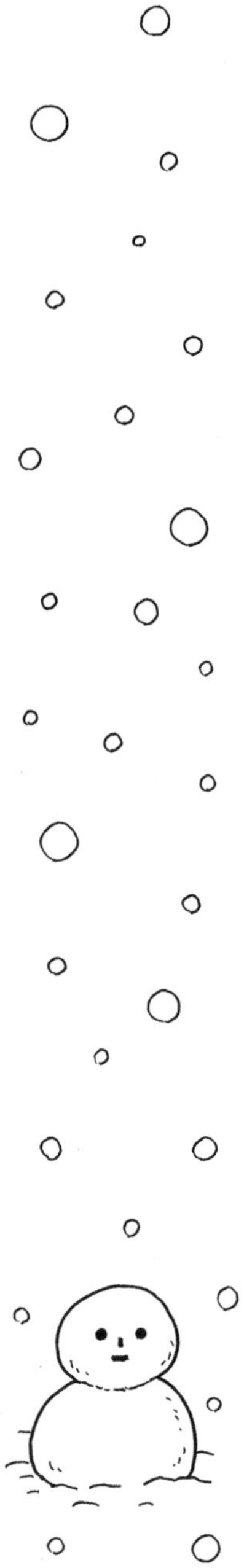

★書《か》き おわったら、もう いちど、音読《おんどく》しましょう。

（令和二年度版 光村図書 こくご 二下 赤とんぼ）
※「ゆき」の教材は、令和二年度版 東京書籍 新しい国語 二下 にも掲載されています。

ゆき ②

名前

しを 音読《おんどく》してから、書《か》き うつしましょう。

やまも　のはらも
わたぼうし　かぶり
かれき　のこらず
はなが　さく

★書《か》き おわったら、もう いちど、音読《おんどく》しましょう。

（令和二年度版 光村図書 こくご 二下 赤とんぼ）
※「ゆき」の教材は、令和二年度版 東京書籍 新しい国語 二下 にも掲載されています。

ゆき ③

名前

しを 音読《おんどく》して、おぼえましょう。また、しを 書《か》きましょう。

ゆき

（文部省唱歌《もんぶしょうしょうか》）

ゆきや　こんこ
あられや　こんこ
ふっては　ふっては
ずんずん　つもる
やまも　のはらも
わたぼうし　かぶり
かれき　のこらず
はなが　さく

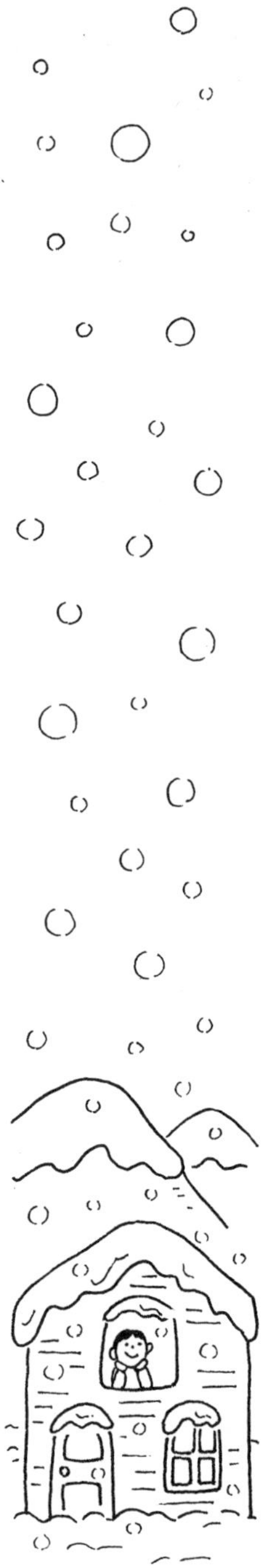

★書《か》き　おわったら、もう　いちど、音読《おんどく》しましょう。

（令和二年度版　光村図書　こくご　二下　赤とんぼ）
※「ゆき」の教材は、令和二年度版　東京書籍　新しい国語　二下　にも掲載されています。

ゆき ④

名前

しを あんしょうしましょう。おぼえたら 書《か》きましょう。

ゆき

（文部省唱歌《もんぶしょうしょうか》）

は	か	わ	や	ず	ふ	あ	ゆ
さ	の		の				こ
				つ	ふ	こ	
		か					

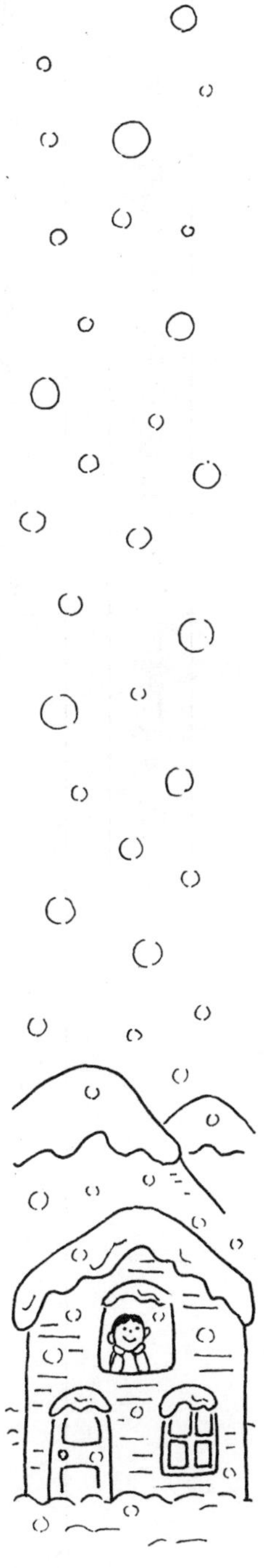

★書《か》き おわったら、もう いちど、音読《おんどく》しましょう。

（令和二年度版 光村図書 こくご 二下 赤とんぼ）
※「ゆき」の教材は、令和二年度版 東京書籍 新しい国語 二下 にも掲載されています。

おとのはなびら ①

名前

しを 音読《おんどく》してから、書《か》き うつしましょう。

おとのはなびら

のろ さかん

ピアノのおとに
いろがついたら
ポロン
ピアノが
なるたびに
ポロン
ピアノが
なるたびに
おとのはなびら
へやにあふれて
にわにあふれて
おとのかだんを
つくるかしら

★書《か》き おわったら、もう いちど、音読《おんどく》しましょう。

（令和二年度版 光村図書 こくご 二下 赤とんぼ のろ さかん）

おとのはなびら ②

名前

しを 音読《おんどく》して、おぼえましょう。また、しを 書《か》きましょう。

おとのはなびら

のろ さかん

ピアノのおとに いろがついたら

ポロン ピアノが なるたびに

ポロン ピアノが なるたびに

おとのはなびら へやにあふれて

にわにあふれて

おとのかだんを つくるかしら

★書《か》き おわったら、もう いちど、音読《おんどく》しましょう。

（令和二年度版 光村図書 こくご 二下 赤とんぼ のろ さかん）

おとのはなびら ③

名前

しを あんしょうしましょう。おぼえたら 書《か》きましょう。

おとのはなびら

のろ さかん

ピ い
ポ ピ な
ポ ピ な
お へ
に
お つ

★書《か》き おわったら、もう いちど、音読《おんどく》しましょう。

（令和二年度版 光村図書 こくご 二下 赤とんぼ のろ さかん）

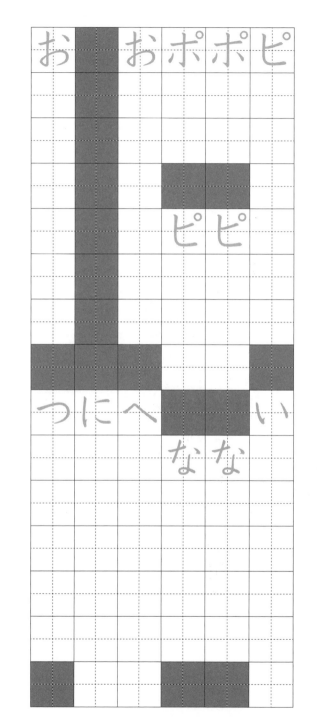

かさこじぞう ①

名前

文《ぶん》しょうを 音読《おんどく》してから、書《か》き うつしましょう。

じいさまは、ぬれて
つめたい
じぞうさまの
かたやら せなやらを
なでました。

★書《か》き おわったら、もう いちど、音読《おんどく》しましょう。

（令和二年度版 東京書籍 新しい国語 二下 いわさき きょうこ）
※「かさこじぞう」の教材は、令和二年度版 教育出版 ひろがることば 小学国語 二下 にも掲載されています。

かさこじぞう ②

名前

文《ぶん》しょうを 音読《おんどく》してから、書《か》き うつしましょう。

「そうじゃ。この
かさこを かぶって
くだされ。」

★書《か》き おわったら、もう いちど、音読《おんどく》しましょう。

（令和二年度版　東京書籍　新しい国語　二下　いわさき　きょうこ）
※「かさこじぞう」の教材は、令和二年度版　教育出版　ひろがることば
小学国語　二下　にも掲載されています。

かさこじぞう ③

名前

文《ぶん》しょうを 音読《おんどく》してから、書《か》き うつしましょう。

じいさまは、
売《う》りものの かさを
じぞうさまに
かぶせると、
風《かぜ》で とばぬよう、

★書《か》き おわったら、もう いちど、音読《おんどく》しましょう。

（令和二年度版　東京書籍　新しい国語　二下　いわさき　きょうこ）
※「かさこじぞう」の教材は、令和二年度版　教育出版　ひろがることば
小学国語　二下　にも掲載されています。

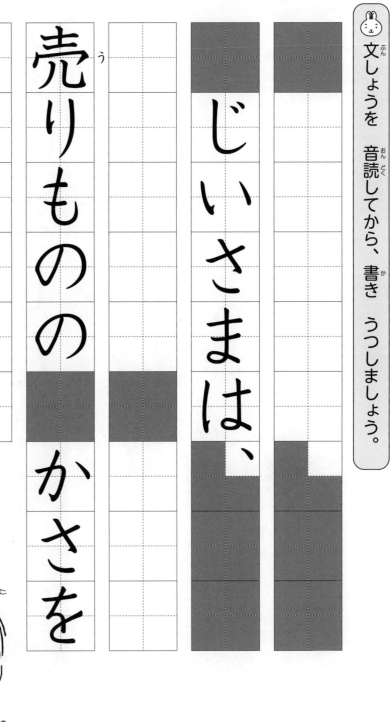

かさこじぞう ④

名前

文《ぶん》しょうを　音読《おんどく》してから、書《か》き　うつしましょう。

しっかり
あごの
ところで
むすんで
あげました。

★書《か》き　おわったら、もう　いちど、音読《おんどく》しましょう。

（令和二年度版　東京書籍　新しい国語　二下　いわさき　きょうこ）
※「かさこじぞう」の教材は、令和二年度版　教育出版　ひろがることば　小学国語　二下　にも掲載されています。

かさこじぞう ⑤

名前

文《ぶん》しょうを 音読《おんどく》してから、書《か》き うつしましょう。

ところが、
じぞうさまの 数《かず》は
六人《ろくにん》、かさこは 五《いつ》つ。
どうしても
足《た》りません。

★書《か》き おわったら、もう いちど、音読《おんどく》しましょう。

（令和二年度版 東京書籍 新しい国語 二下 いわさき きょうこ）
※「かさこじぞう」の教材は、令和二年度版 教育出版 ひろがることば 小学国語 二下 にも掲載されています。

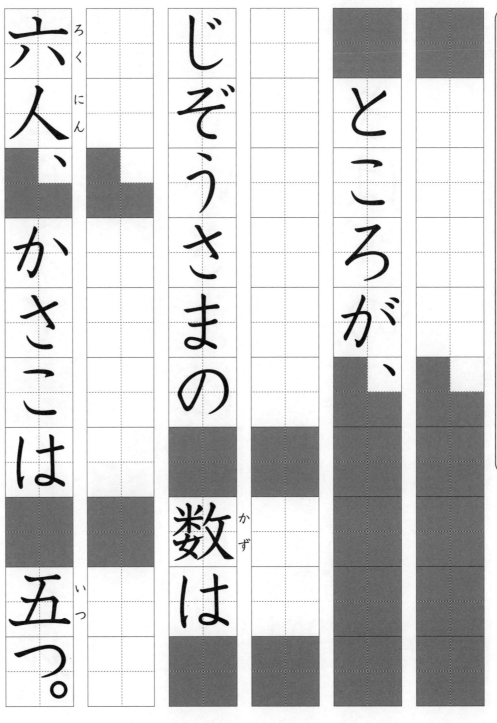

かさこじぞう ⑥

名前

文《ぶん》しょうを 音読《おんどく》してから、書《か》き うつしましょう。

「おのでわりいが、
こらえてくだされ。」
じいさまは、自分《じぶん》の
つぎはぎの
手《て》ぬぐいをとると、

★書《か》き おわったら、もう いちど、音読《おんどく》しましょう。

（令和二年度版　東京書籍　新しい国語　二下　いわさき　きょうこ）
※「かさこじぞう」の教材は、令和二年度版　教育出版　ひろがることば
小学国語　二下　にも掲載されています。

かさこじぞう ⑦

名前

文《ぶん》しょうを　音読《おんどく》してから、書《か》き　うつしましょう。

いちばん　しまいの
じぞうさまに
かぶせました。
「これで　ええ、
これで　ええ」。

★書《か》き　おわったら、もう　いちど、音読《おんどく》しましょう。

※「かさこじぞう」の教材は、令和二年度版　教育出版　ひろがることば　小学国語　二下　にも掲載されています。
（令和二年度版　東京書籍　新しい国語　二下　いわさき　きょうこ）

ことばを楽《たの》しもう ①

名前

文《ぶん》を 音読《おんどく》してから、書《か》き うつしましょう。

わるいにわとりとわにいるわ

ぞうくんぱんくうぞ

きんのはとはのんき

このらいおんおいらのこ

たったいまがんがまいたった

いしづ ちひろ 作《さく》

★書《か》き おわったら、もう いちど、音読《おんどく》しましょう。

（令和二年度版 光村図書 こくご 二下 赤とんぼ 「ことばを楽しもう」より）

ことばを楽《たの》しもう ②

名前

文《ぶん》を 音読《おんどく》してから、書《か》き うつしましょう。

わるいにわとりとわににいるわ
ぞうくんぱんくうぞ
きんのはとはのんき
このらいおんおいらのこ
たっ たいまがんがまいたっ た

いしづ ちひろ 作《さく》

★書《か》き おわったら、もう いちど、音読《おんどく》しましょう。

(令和二年度版 光村図書 こくご 二下 赤とんぼ「ことばを楽しもう」より)

ことばを楽《たの》しもう ③

名前

文《ぶん》を 音読《おんどく》して、おぼえましょう。また、文《ぶん》を 書《か》きましょう。

わるいにわとりとわにいるわ
ぞうくんぱんくうぞ
きんのはとはのんき
このらいおんおいらのこ
たったいまがんがまいたった

いしづ ちひろ 作《さく》

★書《か》き おわったら、もう いちど、音読《おんどく》しましょう。

（令和二年度版 光村図書 こくご 二下 赤とんぼ 「ことばを楽しもう」より）

ことばを楽《たの》しもう　④

名前

文《ぶん》を　あんしょうしましょう。おぼえたら　書《か》きましょう。

わ　に　わ
ぞ　ぱ
き　の
こ　お
た　が

いしづ　ちひろ　作《さく》

★書《か》き　おわったら、もう　いちど、音読《おんどく》しましょう。

（令和二年度版　光村図書　こくご　二下　赤とんぼ「ことばを楽しもう」より）

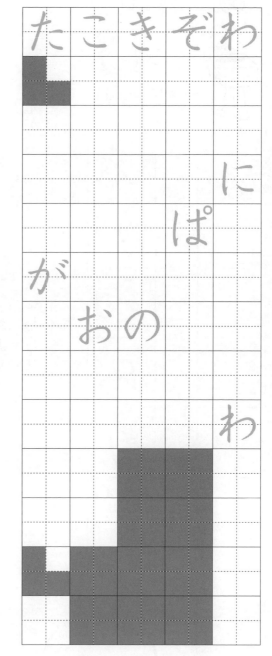

主語《しゅご》と　述語《じゅつご》　①

名前

(1) つぎの　文《ぶん》から　主語《しゅご》と　述語《じゅつご》を　見《み》つけましょう。
主語《しゅご》を　◯　で　かこみ、述語《じゅつご》に　——線《せん》を　引《ひ》きましょう。

①

わたしは　歩《ある》く。

②

犬《いぬ》が　ほえる。

(2) つぎの　□　から　一《ひと》つずつ　ことばを　えらんで、組《く》み合《あ》わせて、絵《え》に　あう　文《ぶん》を　作《つく》りましょう。

主語《しゅご》
・妹《いもうと》が
・にもつが
・兄《あに》が

述語《じゅつご》
・とどく
・およぐ
・わらう

①

妹がわらう。

②

③

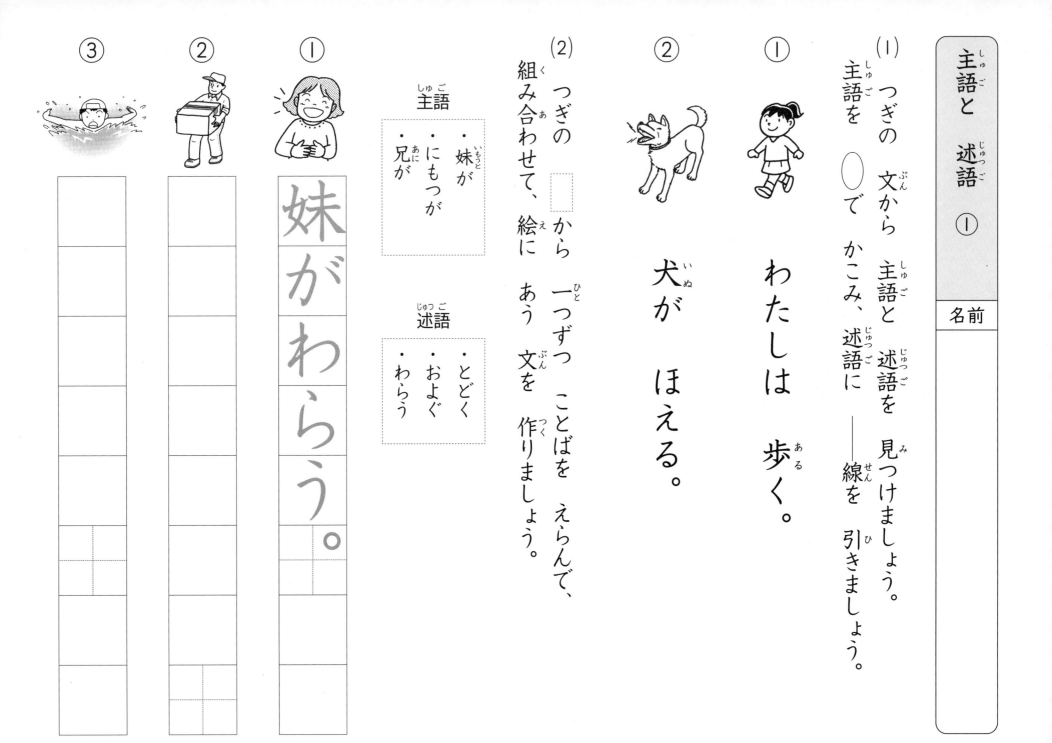

主語《しゅご》と 述語《じゅつご》 ②

名前

(1) つぎの 文《ぶん》から 主語《しゅご》と 述語《じゅつご》を 見《み》つけましょう。
主語《しゅご》を ◯ で かこみ、述語《じゅつご》に ——線《せん》を 引《ひ》きましょう。

①

人《ひと》が 多《おお》い。

②

ほっぺたが 赤《あか》い。

(2) つぎの □ から 一《ひと》つずつ ことばを えらんで、組《く》み合《あ》わせて、絵《え》に あう 文《ぶん》を 作《つく》りましょう。

主語《しゅご》

- ありは
- ズボンが
- 姉《あね》は

述語《じゅつご》

- 長《なが》い
- 中学生《ちゅうがくせい》だ
- 小《ちい》さい

①

ありは小さい。

②

③

主語《しゅご》と　述語《じゅつご》　③

名前

(1) つぎの　文《ぶん》から　主語《しゅご》と　述語《じゅつご》を　見《み》つけましょう。
主語《しゅご》を ◯ で　かこみ、述語《じゅつご》に ——線《せん》を　引《ひ》きましょう。

①

わたしは　水《みず》を　のむ。

②

毎朝《まいあさ》　先生《せんせい》が　話《はな》す。

(2) つぎの □ から　一《ひと》つずつ　ことばを　えらんで、組《く》み合《あ》わせて、絵《え》に　あう　文《ぶん》を　作《つく》りましょう。

主語《しゅご》
・おじいさんが
・子《こ》どもが

・はさみを
・新聞《しんぶん》を

述語《じゅつご》
・つかう
・読《よ》む

①

おじいさんが新聞を読む

②

主語《しゅご》と　述語《じゅつご》　④

名前

(1) つぎの　文《ぶん》から　主語《しゅご》と　述語《じゅつご》を　見《み》つけましょう。
主語《しゅご》を ⬭ で　かこみ、述語《じゅつご》に ——線《せん》を　引《ひ》きましょう。

① 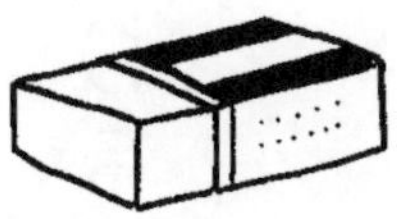

これは　新《あたら》しい　けしゴムだ。

② 

いつもより　空《そら》が　明《あか》るい。

(2) つぎの □ から　一《ひと》つずつ　ことばを　えらんで、組《く》み合《あ》わせて、絵《え》に　あう　文《ぶん》を　作《つく》りましょう。

主語《しゅご》

- お茶《ちゃ》が
- ぼくは

- とても
- ドーナツを

述語《じゅつご》

- 食《た》べる
- つめたい

① 

お茶がとてもつめたい

② 

きせつの ことばを つかった 文作《ぶんづく》り（秋《あき》）

名前

(1) つぎの 絵《え》を 見《み》て、秋《あき》を かんじる ことばを 三《みっ》つ 書《か》きましょう。

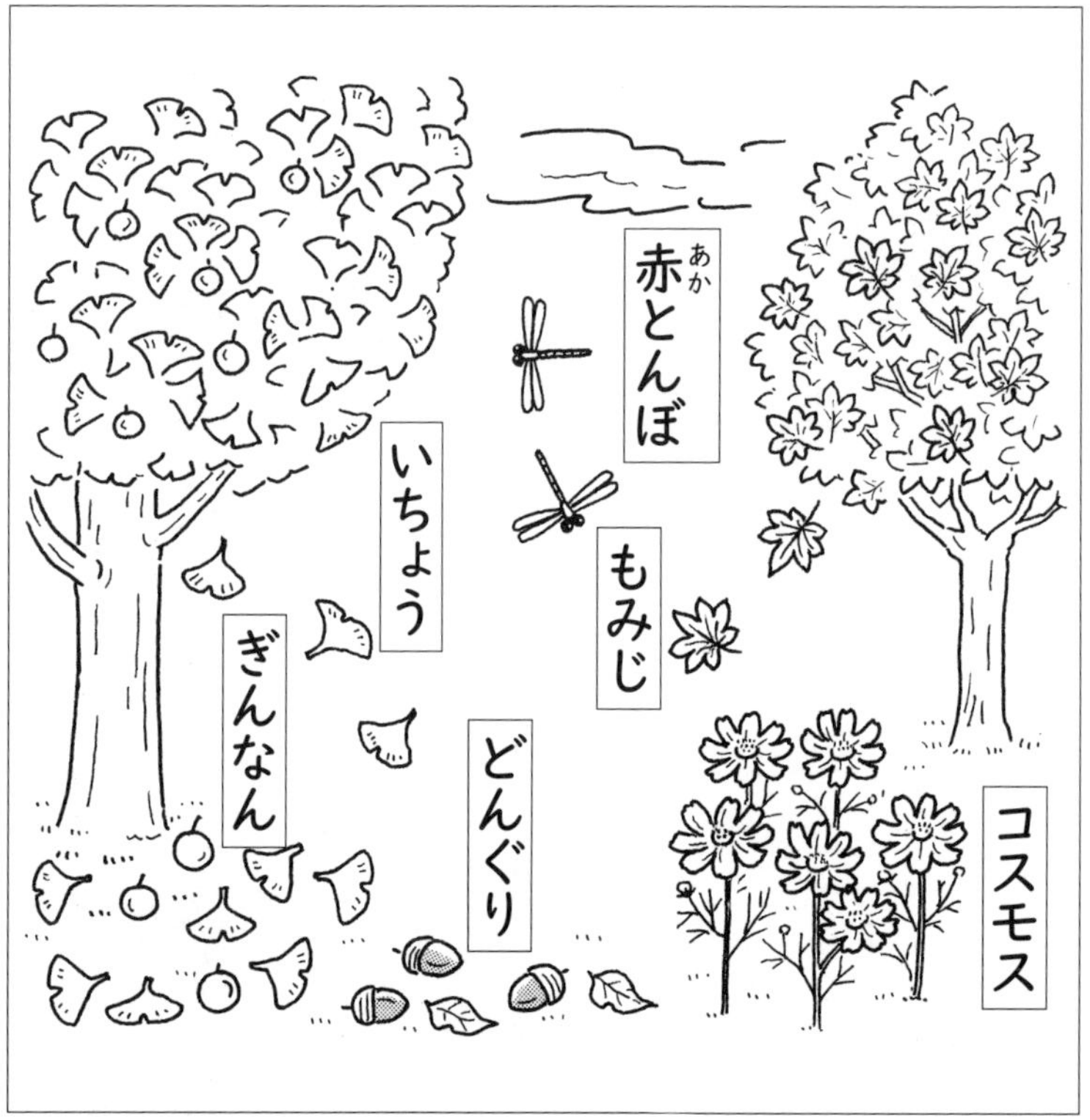

(2) つぎの ことばを つかって、秋《あき》を かんじる 文《ぶん》を 作《つく》りましょう。

① 【おちば・ひろう】

② 【七五三《しちごさん》・きもの】

きせつの ことばを つかった 文作《ぶんづく》り（冬《ふゆ》）

名前

(1) つぎの 絵《え》を 見《み》て、冬《ふゆ》を かんじる ことばを 三《みっ》つ 書《か》きましょう。

(2) つぎの ことばを つかって、冬《ふゆ》を かんじる 文《ぶん》を 作《つく》りましょう。

① 【お正月《しょうがつ》・おせち】

② 【せつぶん・まめまき】

おもちゃの 作《つく》り方《かた》を せつめいしよう ①

名前

● 【紙《かみ》ざらのコマ】の 作《つく》り方《かた》を せつめいする 文《ぶん》しょうを 書《か》きましょう。

【ざいりょうとどうぐ】

・紙《かみ》ざら ・ストロー ・テープ ・はさみ

【作《つく》り方《かた》】

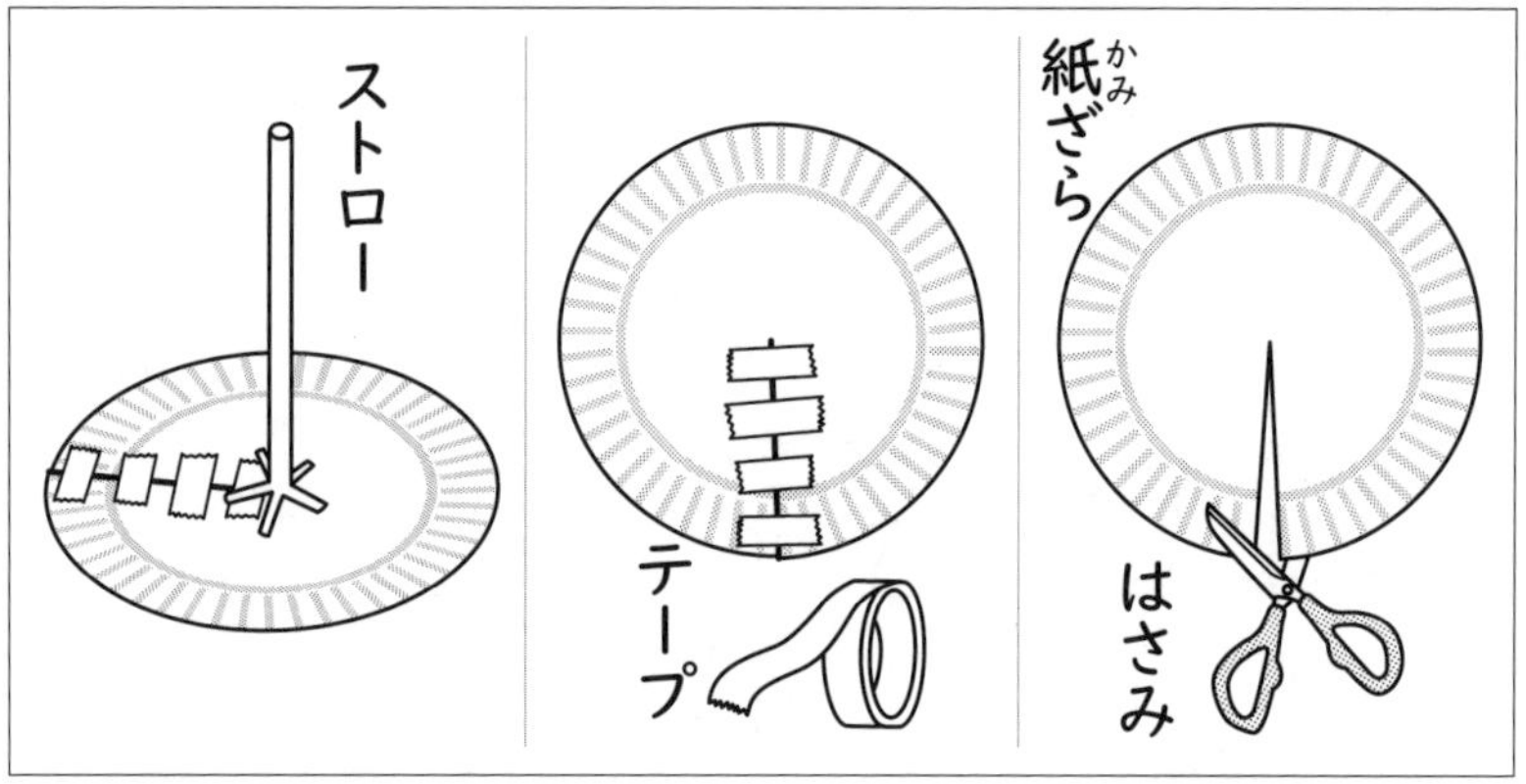

まず、はさみをつかって、紙《かみ》ざらに切《き》りこみをいれます。

つぎに、切《き》ったぶぶんをかさねて、テープでとめます。

さいごに、ストローを紙《かみ》ざらのまん中《なか》にはりつけて、できあがりです。

【あそび方《かた》】

ストローをもって、回《まわ》しながら手《て》をはなします。

おもちゃの 作《つく》り方《かた》を せつめいしよう ②

名前

● 【糸電話《いとでんわ》】の 作《つく》り方《かた》を せつめいする 文《ぶん》しょうを 書《か》きましょう。
□には ざいりょうと どうぐの 名前《なまえ》が 入《はい》ります。［ ］には、じゅんじょを あらわす ことば（「まず」「つぎに」「さいごに」）を 書《か》きましょう。

【ざいりょうと どうぐ】

・紙《かみ》コップ　・糸《いと》　・カラーペン　・きり

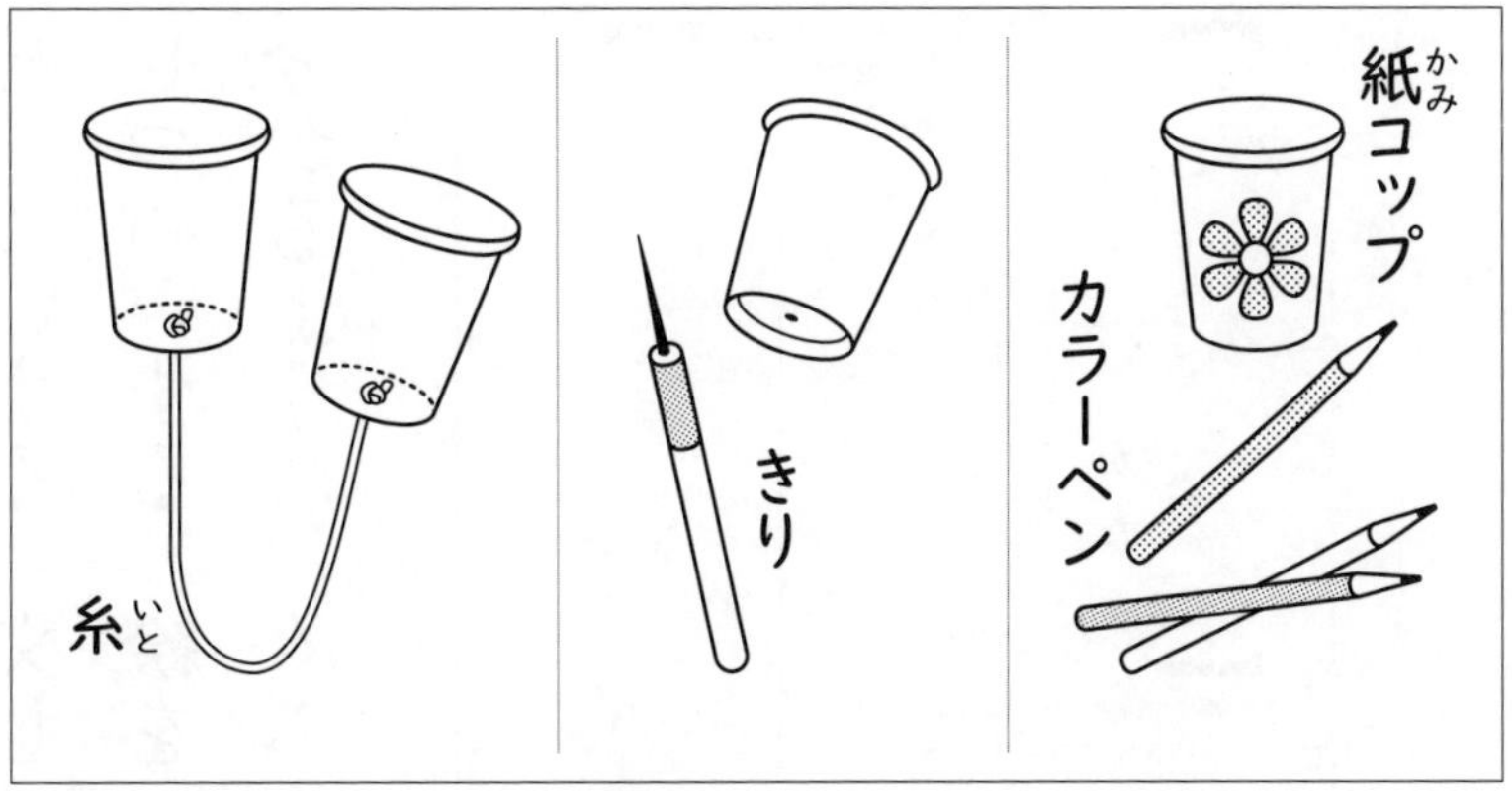

【作《つく》り方《かた》】

［まず］、□を つかって、紙《かみ》コップにきれいなもようをつけます。

［　　］、□をつかって、紙《かみ》コップのそこにあなをあけます。

［　　］、あなに□を とおして、むすび目《め》を作《つく》ります。

【あそび方《かた》】

糸《いと》をピンとはって、友《とも》だちとこうたいで話《はな》します。

おもちゃの　作《つく》り方《かた》を　せつめいしよう ③

名前

● あなたが　作《つく》った　ことの　ある　おもちゃの　作《つく》り方《かた》を　せつめいする　文《ぶん》しょうを　書《か》きましょう。□には、作《つく》り方《かた》を　せつめいする　絵《え》を　かきましょう。また、作《つく》り方《かた》の　じゅんじょが　分《わ》かるように、くふうして　書《か》きましょう。

【ざいりょうとどうぐ】

【作《つく》り方《かた》】

【あそび方《かた》】

お話《はなし》を 作《つく》ってみよう ①

名前

(1) お話《はなし》の とうじょう人《じん》ぶつの 名前《なまえ》を じゆうに 考《かんが》えてみましょう。

「　　」
〔れい〕くまお

「　　」
〔れい〕うさみ

(2) 絵《え》を 見《み》て、お話《はなし》を 考《かんが》えましょう。「　」に (1)で 考《かんが》えた 名前《なまえ》を 書《か》きましょう。□には あてはまる ことばを 書《か》きましょう。

①

今日は、森のうんどう会です。「　　」はかけっこで□をめざしています。

②

「　　」スタートしました。
は、はじめは一ばんでしたが、
□。

③

「　　」と「　　」は
「□」。と
言って、二人はいっしょに
ゴールしました。

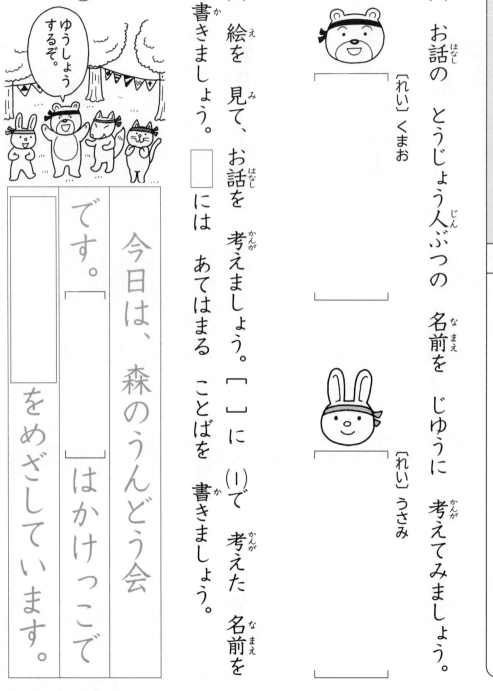

お話《はなし》を 作《つく》ってみよう ②

名前

(1) お話《はなし》の とうじょう人《じん》ぶつの 名前《なまえ》を じゆうに 考《かんが》えてみましょう。

〔れい〕さくら

［　　］

〔れい〕ゆうすけ

［　　］

(2) 絵《え》を 見《み》て、お話《はなし》を 考《かんが》えましょう。［　］に (1)で 考《かんが》えた 名前《なまえ》を 書《か》きましょう。□には あてはまる ことばを 書《か》きましょう。

①

［　　］は、お母さんに
□をたのまれました。
一人で買いものに行くのは、
はじめてです。

②

［　　］は道にまよって
しまいました。
そのとき、たまたま近くにいた
［　　］に道を聞きました。

③

［　　］は、親切に道を
教えてくれました。
「□」。［　　］は
と言いました。

にた いみの ことばを つかった 文《ぶん》作《づく》り ①

名前

● ――線《せん》の ことばを （　）の ことばに 言《い》いかえて、文《ぶん》を 書《か》きなおしましょう。

①

おまわりさんに、道《みち》をたずねる。（聞《き》く）

おまわりさんに、道を聞く。

②

うつくしい絵《え》を見《み》る。（きれいな）

③

弟《おとうと》が兄《あに》をびっくりさせる。（おどろかす）

④

先生《せんせい》がみんなに話《はな》す。（言《い》う）

にた いみの ことばを つかった 文作《ぶんづく》り ②

名前

● ――線《せん》の ことばと にた いみの ことばを、□から えらんで、文《ぶん》を 書《か》きなおしましょう。

①

友《とも》だちが、犬《いぬ》を たすける。

・すくう　・むかえる　・あそぶ

友だちが、犬をすくう。

②

花《はな》が、たくさん さく。

・りっぱに　・いっぱい　・やさしく

③

父《ちち》は、八時《はちじ》に 家《いえ》を 出《で》る。

・かえる　・ひらく　・しゅっぱつする

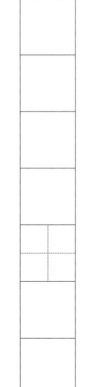

にた いみの ことばを つかった 文《ぶん》作《づく》り ③-(1)

名前

● つぎの ことばは、にた いみの ことばの 組《く》み合《あ》わせです。ことばを 一《ひと》つずつ つかって、二《ふた》つの 文《ぶん》を 作《つく》りましょう。

① 【話《はな》す・言《い》う】

わたしは みんなの 前《まえ》で 話す。

わたしは みんなの 前で 言う。

② 【つぶやく・ささやく】

③ 【ながめる・見《み》る】

①

②

③

にた　いみの　ことばを　つかった　文作《ぶんづく》り　③-(2)

名前

● つぎの　ことばは、にた　いみの　ことばの　組《く》み合《あ》わせです。ことばを　一《ひと》つずつ　つかって、二《ふた》つの　文《ぶん》を　作《つく》りましょう。

①【しばる・むすぶ】

②【わらう・ほほえむ】

③【おこられる・しかられる】

①

②

③

はんたいの いみの ことばを つかった 文《ぶん》作《づく》り ①

名前

● ――線《せん》の ことばを 絵《え》を 見《み》て （　）の ことばに 言《い》いかえて、文《ぶん》を 書《か》きなおしましょう。

①
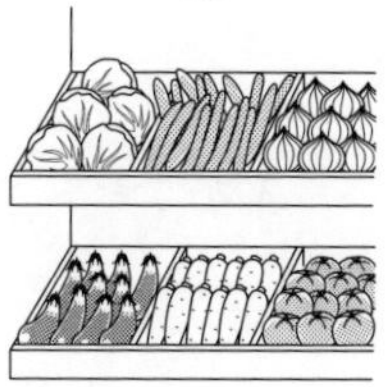

スーパーで、やさいを売《う》る。（買《か》う）

②

みんなで、上《うえ》をむく。（下《した》）

③

今日《きょう》は、いつもよりさむい。（あつい）

④

ぼくは、ふくをきる。（ぬぐ）

はんたいの いみの ことばを つかった 文作《ぶんづく》り ②

名前

● ——線《せん》の ことばを はんたいの いみの ことばに 言《い》いかえて、文《ぶん》を 書《か》きなおしましょう。

①

線《せん》を たてに 引《ひ》く。

②

父《ちち》は、左《ひだり》ききだ。

③
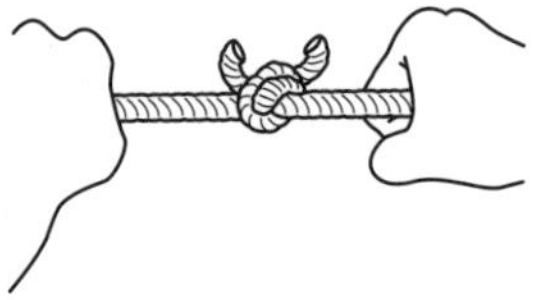
ほそい ひもを むすぶ。

太《ふと》

④

やわらかい ベッドで ねる。

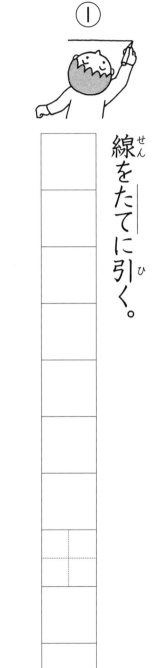

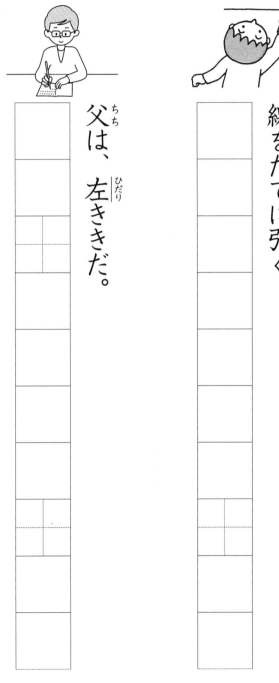

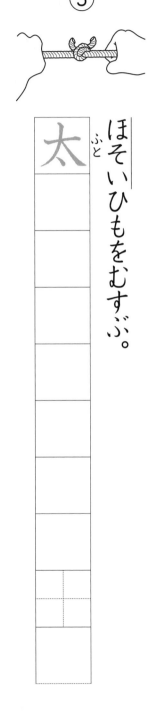

はんたいの　いみの　ことばを　つかった　文作《ぶんづく》り　③-(1)

名前

● つぎの　【　】の　ことばは、はんたいの　いみの　ことばの　組《く》み合《あ》わせです。ことばを　一《ひと》つずつ　つかって、それぞれ　文《ぶん》を　作《つく》りましょう。

① 【ふかい・あさい】

ふかい　海《うみ》に　もぐる。

あさい　川《かわ》で　あそぶ。

② 【大《おお》きい・小《ちい》さい】

③ 【かつ・まける】

はんたいの いみの ことばを つかった 文作《ぶんづく》り ③-(2)

名前

● つぎの 【 】の ことばは、はんたいの いみの ことばの 組《く》み合《あ》わせです。ことばを 一《ひと》つずつ つかって、それぞれ 文《ぶん》を 作《つく》りましょう。

① 【長《なが》い ・ みじかい】

② 【明《あか》るい ・ くらい】

③ 【はやい ・ おそい】

ようすを あらわす ことばを つかった 文作《ぶんづく》り ①

名前

● □に 入《はい》る あてはまる ことばを、□から えらんで、文《ぶん》を 書《か》きましょう。

①

ゆかを □□□□ みがいたので、

とても □□□□ になった。

・ごしごし　・ぴかぴか

②

□□□□ のふとんで、

□□□□ ねむる。

・ぐっすり　・ふわふわ

③

おり紙《がみ》を □□□□ やぶって、

画《が》用《よう》紙《し》に □□□□ はる。

・ぺたぺた　・びりびり

ようすを　あらわす　ことばを　つかった　文作《ぶんづく》り　②

名前

● 絵《え》を　見《み》て　□に　あてはまる　ことばを、□から　えらんで、文《ぶん》を　書《か》きましょう。

①　□　とびはねる。

②　□　つめたい手《て》。

・こおりみたいな　・かえるみたいに

③　□　楽《たの》しい時間《じかん》だ。

④　□　上手《じょうず》におよぐ。

・ゆめのような　・魚《さかな》のように

①

②

③
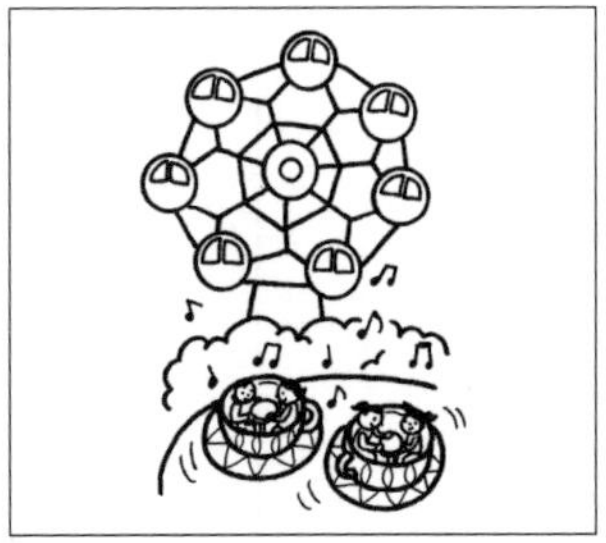

④

ようすを あらわす ことばを つかった 文作《ぶんづく》り ③-(1)

名前

● つぎの ようすを あらわす ことばを つかって、文《ぶん》を 作《つく》りましょう。

〔れい〕 くるくる

こまが くるくる 回る。

① ごくごく

② ぶるぶる

③ きらきら

④ よちよち

ようすを あらわす ことばを つかった 文《ぶん》作《づく》り ③-(2)

名前

● つぎの ようすを あらわす ことばを つかって、文《ぶん》を 作《つく》りましょう。

① ぐっすり

② ぴったり

③ ずっしり

④ こっそり

⑤ ぎっしり

ようすを あらわす ことばを つかった 文作《ぶんづく》り ④

名前

● ようすを あらわす ことばを つかって、つぎの 絵《え》の ようすを あらわす 文《ぶん》を 二《ふた》つずつ 書《か》きましょう。

①

雨《あめ》が ザーザー ふって いる。

②

くらべて　書《か》いてみよう　①

名前

(1) くだものの「りんご」と「なし」に　ついて、同《おな》じ　ところと　ちがう　ところを　さがしましょう。□から　えらんで〔　〕に　書《か》きましょう。

・同《おな》じところ

〔かたち〕

・ちがうところ

〔あじ〕

〔色〕

あじ　・　かたち　・　色《いろ》

(2)「りんご」と「なし」を　くらべる　文《ぶん》しょうを　書《か》きましょう。

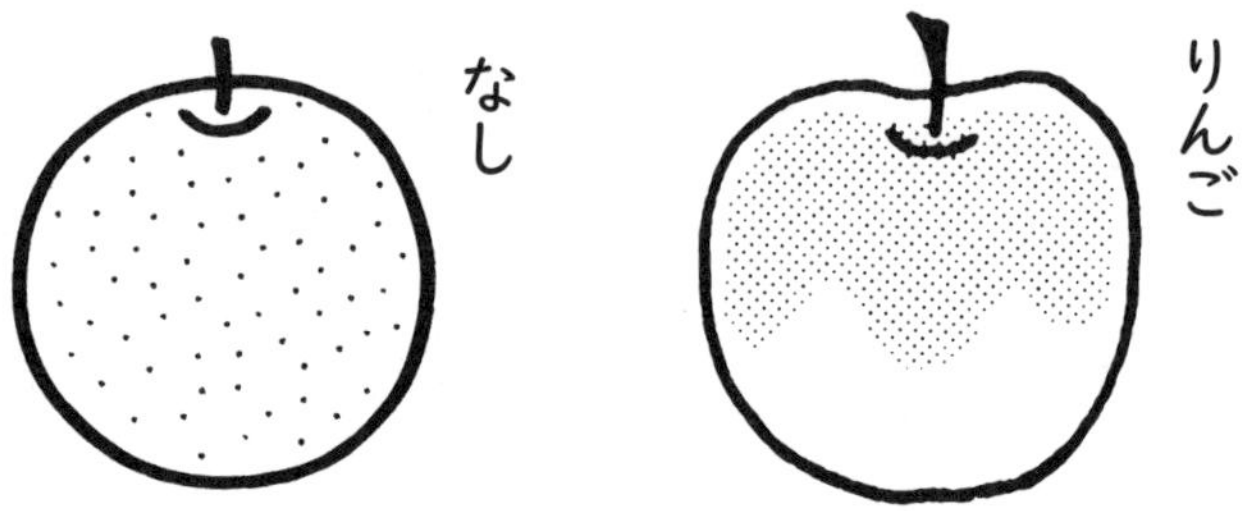

わたしは、りんごと

なしをくらべました。

同じところは、

〔　　〕です。

ちがうところは、

〔　　〕と〔　　〕です。

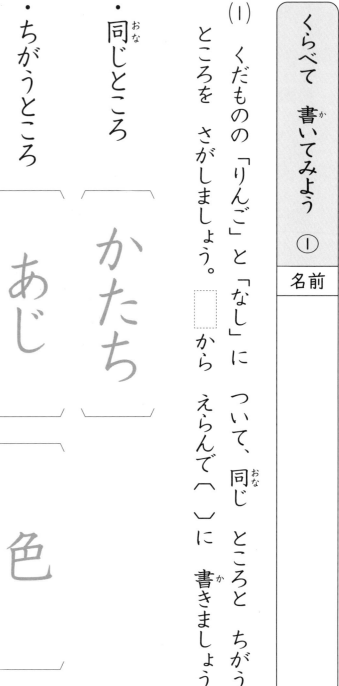

くらべて 書《か》いてみよう ②

名前

● 二《ふた》つの ものを くらべる 文《ぶん》しょうを 書《か》きましょう。

① 何《なに》と 何《なに》を くらべるのか、じゆうに 考《かんが》えてみましょう。
（　の ヒントを つかっても かまいません。）

・くらべるもの

（　　　）と（　　　）

【ヒント】
・トラとライオン
・とんぼとちょうちょ
・電車《でんしゃ》とバス
・色《いろ》えんぴつとクレヨン
・犬《いぬ》とねこ
・教科書《きょうかしょ》とノート

② ①で えらんだ 二《ふた》つの ものの、同《おな》じ ところと ちがう ところを 書《か》きましょう。

・同《おな》じところ

・ちがうところ

③ 二《ふた》つの ものを くらべる 文《ぶん》しょうを 書《か》きましょう。

わたしは、（　　　）と（　　　）を
くらべました。

できるようになったことを書《か》こう ①

名前

(1) できるようになったことをつたえる文《ぶん》しょうを書《か》きましょう。

① できるようになったこと

二《に》じゅうとびをれんぞくで二回《にかい》とべた。

② できるようになるまでのこと

なわをもたずに、とぶれんしゅうをした。

③ できたしゅんかんのこと・かんじたこと など

とてもうれしかった。

つぎは十回《じっかい》れんぞくでとんでみたい。

(2) (1)で書《か》いた文《ぶん》しょうをまとめて書《か》いてみましょう。

わたしは、□じゅうとびをれんぞくで
□回とべるようになりました。
れんしゅうでは、□□をもたずにとんで
いました。できたときは、とてもうれし
かったです。つぎは、□回れんぞくで
とんでみたいです。

できるように なった ことを 書《か》こう ②

名前

(1) あなたが できるように なった ことを 思《おも》い出《だ》して、メモに まとめて みましょう。

① できるように なった こと

② できるように なるまでの こと

③ できた しゅんかんの こと・かんじた こと など

(2) メモを まとめて 書《か》いてみましょう。

手紙《てがみ》を　書《か》いてみよう　①

名前

(1) みの　まわりの　人《ひと》の　すてきな　ところを　書《か》き出《だ》しましょう。

・手紙《てがみ》をおくる人《ひと》

お兄《にい》ちゃん

・すてきなところ

かしこいところ

・そう思《おも》ったわけ

わたしに国語《こくご》や算数《さんすう》を教《おし》えてくれる。

(2) (1)で　書《か》いた　ことを　まとめて、手紙《てがみ》を　書《か》いてみましょう。

お兄ちゃんへ

お兄ちゃんのすてきなところは、

（　　　　）ところだと思います。

わたしがべんきょうをしているときに、

（　　）や（　　）を（　　　）

くれるところが、すてきだと思います。

手紙《てがみ》を　書《か》いてみよう　②

名前

(1)　みの　まわりの　人《ひと》に　かんしゃして　いる　ことを　書《か》き出《だ》しましょう。

・手紙《てがみ》をおくる人《ひと》

お母《かあ》さん

・かんしゃしていること

いつもおいしいごはんを作《つく》ってくれる。

かぜをひいたとき、かんびょうしてくれた。

(2)　(1)で　書《か》いた　ことを　まとめて、手紙《てがみ》を　書《か》いてみましょう。

お母さんへ

いつも、□□□□　ごはんを作ってくれて、

ありがとう。それから、この前は、□□を

ひいたとき、やさしく□□□□□

してくれて、□□□□□。

これからもよろしくおねがいします。

手紙《てがみ》を　書《か》いてみよう　③

名前

(1)　みの　まわりの　人《ひと》（家《か》ぞく・友《とも》だち・先生《せんせい》など）に　手紙《てがみ》を書《か》いてみましょう。すてきな　ところを　つたえる　手紙《てがみ》でも、かんしゃを　つたえる　手紙《てがみ》でも　かまいません。

・手紙《てがみ》をおくる人《ひと》

・つたえたいこと

(2)　(1)で　書《か》いた　ことを　まとめて、手紙《てがみ》を　書《か》いてみましょう。さいごには　自分《じぶん》の　名前《なまえ》を　書《か》きましょう。

本書の解答は，あくまでもひとつの例です。児童に取り組ませる前に，必ず指導される方が問題を解いてください。指導される方の作られた解答をもとに，児童の多様な考えに寄り添って○つけをお願いします。

82頁

主語《しゅご》と　述語《じゅつご》　①

名前

(1) つぎの　文から　主語《しゅご》と　述語《じゅつご》を　見《み》つけましょう。主語《しゅご》を ◯で　かこみ、述語《じゅつご》に ——線《せん》を　引《ひ》きましょう。

① 

（わたしは）　歩《ある》く。

② 

（犬《いぬ》が）　ほえる。

(2) つぎの □から　一《ひと》つずつ　ことばを　えらんで、組《く》み合《あ》わせて、絵《え》に　あう　文《ぶん》を　作《つく》りましょう。

主語《しゅご》
・妹《いもうと》が
・にもつが
・兄《あに》が

述語《じゅつご》
・とどく
・およぐ
・わらう

① 

妹がわらう。

② 

にもつがとどく。

③ 

兄がおよぐ。

83頁

主語《しゅご》と　述語《じゅつご》　②

名前

(1) つぎの　文から　主語《しゅご》と　述語《じゅつご》を　見《み》つけましょう。主語《しゅご》を ◯で　かこみ、述語《じゅつご》に ——線《せん》を　引《ひ》きましょう。

① 

（人《ひと》が）　多《おお》い。

② 

（ほっぺたが）　赤《あか》い。

(2) つぎの □から　一《ひと》つずつ　ことばを　えらんで、組《く》み合《あ》わせて、絵《え》に　あう　文《ぶん》を　作《つく》りましょう。

主語《しゅご》
・ありは
・ズボンが
・姉《あね》は

述語《じゅつご》
・長《なが》い
・中学生《ちゅうがくせい》だ
・小《ちい》さい

① 

ありは小さい。

② 

ズボンが長い。

③ 

姉は中学生だ。

84頁

主語《しゅご》と　述語《じゅつご》　③

名前

(1) つぎの　文から　主語《しゅご》と　述語《じゅつご》を　見《み》つけましょう。主語《しゅご》を ◯で　かこみ、述語《じゅつご》に ——線《せん》を　引《ひ》きましょう。

① 

（わたしは）　水《みず》を　のむ。

② 

毎朝《まいあさ》　（先生《せんせい》が）　話《はな》す。

(2) つぎの □から　一《ひと》つずつ　ことばを　えらんで、組《く》み合《あ》わせて、絵《え》に　あう　文《ぶん》を　作《つく》りましょう。

主語《しゅご》
・おじいさんが
・子《こ》どもが

・はさみを
・新聞《しんぶん》を

述語《じゅつご》
・つかう
・読《よ》む

① 

おじいさんが新聞を読む。

② 

子どもがはさみをつかう。

85頁

主語《しゅご》と　述語《じゅつご》　④

名前

(1) つぎの　文から　主語《しゅご》と　述語《じゅつご》を　見《み》つけましょう。主語《しゅご》を ◯で　かこみ、述語《じゅつご》に ——線《せん》を　引《ひ》きましょう。

① 

（これは）　新《あたら》しい　けしゴムだ。

② 

いつもより　（空《そら》が）　明《あか》るい。

(2) つぎの □から　一《ひと》つずつ　ことばを　えらんで、組《く》み合《あ》わせて、絵《え》に　あう　文《ぶん》を　作《つく》りましょう。

主語《しゅご》
・お茶《ちゃ》が
・ぼくは

・とても
・ドーナツを

述語《じゅつご》
・食《た》べる
・つめたい

① 

お茶がとてもつめたい。

② 

ぼくはドーナツを食べる。

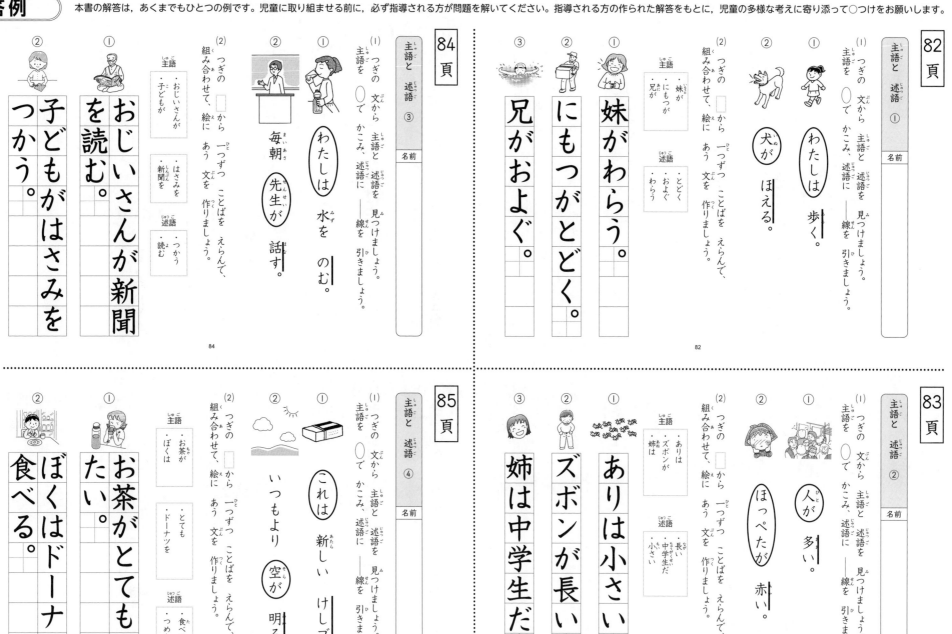

86頁

きせつの ことばを つかった 文作《ぶんづく》り（秋《あき》）

名前

(1) つぎの 絵《え》を 見《み》て、秋《あき》を かんじる ことばを 三《みっ》つ 書《か》きましょう。

（れい）

もみじ

いちょう

どんぐり

(2) つぎの ことばを つかって、秋《あき》を かんじる 文《ぶん》を 作《つく》りましょう。

① 【おちば・ひろう】

（れい） 公園で おちばを ひろう。

② 【七五三《しちごさん》・きもの】

（れい） 七五三の 日に きものを きる。

87頁

きせつの ことばを つかった 文作《ぶんづく》り（冬《ふゆ》）

名前

(1) つぎの 絵《え》を 見《み》て、冬《ふゆ》を かんじる ことばを 三《みっ》つ 書《か》きましょう。

（れい）

雪だるま

つばき

みかん

(2) つぎの ことばを つかって、冬《ふゆ》を かんじる 文《ぶん》を 作《つく》りましょう。

① 【お正月《しょうがつ》・おせち】

（れい） お正月に おせちを 食べる。

② 【せつぶん・まめまき】

（れい） せつぶんの 日に 妹と まめまきを した。

88頁

おもちゃの 作《つく》り方《かた》を せつめいしよう ①

名前

● 【紙《かみ》ざらのコマ】の 作《つく》り方《かた》を せつめいする 文《ぶん》しょうを 書《か》きましょう。

【ざいりょうとどうぐ】

・紙《かみ》ざら ・ストロー ・テープ ・はさみ

【作《つく》り方《かた》】

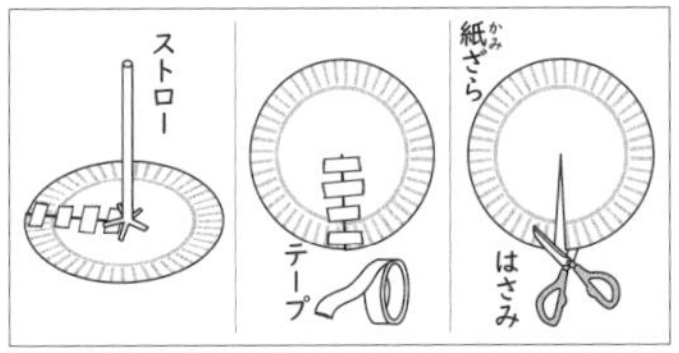

まず、はさみをつかって、紙《かみ》ざらに切りこみをいれます。

つぎに、切《き》ったぶぶんをかさねて、テープでとめます。

さいごに、ストローを紙《かみ》ざらのまん中《なか》にはりつけて、できあがりです。

【あそび方《かた》】

ストローをもって、回《まわ》しながら手《て》をはなします。

89頁 （90頁は略）

おもちゃの 作《つく》り方《かた》を せつめいしよう ②

名前

● 【糸電話《いとでんわ》】の 作《つく》り方《かた》を せつめいする 文《ぶん》しょうを 書《か》きましょう。□には ざいりょうと どうぐの 名前《なまえ》が 入《はい》ります。「 」には、じゅんじょを あらわす ことば（「まず」「つぎに」「さいごに」）を 書《か》きましょう。

【ざいりょうとどうぐ】

・紙《かみ》コップ ・糸《いと》 ・カラーペン ・きり

【作《つく》り方《かた》】

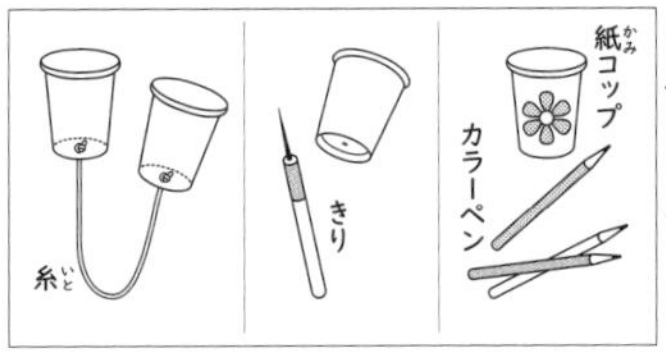

「まず」、カラーペンをつかって、紙《かみ》コップにきれいなもようをつけます。

「つぎに」、きりをつかって、紙《かみ》コップのそこにあなをあけます。

「さいごに」、あなに糸をとおして、むすび目《め》を作《つく》ります。

【あそび方《かた》】

糸《いと》をピンとはって、友《とも》だちとこうたいで話《はな》します。

本書の解答は，あくまでもひとつの例です。児童に取り組ませる前に，必ず指導される方が問題を解いてください。指導される方の作られた解答をもとに，児童の多様な考えに寄り添って○つけをお願いします。

91頁

お話《はなし》を 作《つ》ってみよう ①

名前

(1) お話《はなし》の とうじょう人《じん》ぶつの 名前《なまえ》を じゆうに 考《かんが》えてみましょう。

〔れい〕くまお

「(れい) くまお」

〔れい〕うさみ

「(れい) うさみ」

(2) 絵《え》を 見《み》て、お話《はなし》を 考《かんが》えましょう。「　」に (1)で 考《かんが》えた 名前《なまえ》を 書《か》きましょう。□には あてはまる ことばを 書《か》きましょう。

①

ゆうしょうするぞ。

今日は、森のうんどう会です。「くまお」はかけっこで (れい) ゆうしょう をめざしています。

②

ころんじゃったよ。

スタートしました。「くまお」は、はじめは一ばんでしたが、(れい) ころんでしまいました。

③

いっしょに走《はし》ろう。

「くまお」と「うさみ」は (れい)「いっしょに走ろう。」と言って、二人はいっしょにゴールしました。

92頁

お話《はなし》を 作《つ》ってみよう ②

名前

(1) お話《はなし》の とうじょう人《じん》ぶつの 名前《なまえ》を じゆうに 考《かんが》えてみましょう。

〔れい〕さくら

「(れい) さくら」

〔れい〕ゆうすけ

「(れい) ゆうすけ」

(2) 絵《え》を 見《み》て、お話《はなし》を 考《かんが》えましょう。「　」に (1)で 考《かんが》えた 名前《なまえ》を 書《か》きましょう。□には あてはまる ことばを 書《か》きましょう。

①

おつかいをおねがい。

「さくら」は、お母さんに (れい) おつかい をたのまれました。一人で買いものに行くのは、はじめてです。

②

「さくら」は道にまよってしまいました。そのとき、たまたま近くにいた (れい)「ゆうすけ」に道を聞きました。

③

ありがとう。

「ゆうすけ」は、親切に道を教えてくれました。「さくら」は (れい)「ありがとう。」と言いました。

93頁

にた いみの ことばを つかった 文作《ぶんづく》り ①

名前

● ——線《せん》の ことばを（　）の ことばに 言《い》いかえて、文《ぶん》を 書《か》きなおしましょう。

①

おまわりさんに、道《みち》をたずねる。（聞《き》く）

おまわりさんに、道を聞く。

②

うつくしい絵《え》を見《み》る。（きれいな）

きれいな絵を見る。

③

弟《おとうと》が兄《あに》をびっくりさせる。（おどろかす）

弟が兄をおどろかす。

④

先生《せんせい》がみんなに話《はな》す。（言《い》う）

先生がみんなに言う。

94頁

にた いみの ことばを つかった 文作《ぶんづく》り ②

名前

● ——線《せん》の ことばと にた いみの ことばを、□から えらんで、文《ぶん》を 書《か》きなおしましょう。

①

友《とも》だちが、犬《いぬ》をたすける。

・すくう　・むかえる　・あそぶ

友だちが、犬をすくう。

②

花《はな》が、たくさんさく。

・りっぱに　・いっぱい　・やさしく

花が、いっぱいさく。

③

父《ちち》は、八時《はちじ》に家《いえ》を出《で》る。

・かえる　・ひらく　・しゅっぱつする

父は、八時に家をしゅっぱつする。

95頁

にた いみの ことばを つかった 文作《ぶんづく》り ③-(1)

名前

● つぎの ことばは、にた いみの ことばの 組《く》み合《あ》わせです。ことばを 一《ひと》つずつ つかって、二《ふた》つの 文《ぶん》を 作《つく》りましょう。

① 【話《はな》す・言《い》う】

わたしは みんなの 前で 話す。

わたしは みんなの 前で 言う。

② 【つぶやく・ささやく】

(れい)

友だちが 小さな 声で つぶやく。

友だちが 小さな 声で ささやく。

③ 【ながめる・見《み》る】

(れい)

山の 上から けしきを ながめる。

山の 上から けしきを 見る。

①

②

③

96頁

にた いみの ことばを つかった 文作《ぶんづく》り ③-(2)

名前

● つぎの ことばは、にた いみの ことばの 組《く》み合《あ》わせです。ことばを 一《ひと》つずつ つかって、二《ふた》つの 文《ぶん》を 作《つく》りましょう。

① 【しばる・むすぶ】

(れい)

くつの ひもを しばる。

くつの ひもを むすぶ。

② 【わらう・ほほえむ】

(れい)

赤ちゃんが わらう。

赤ちゃんが ほほえむ。

③ 【おこられる・しかられる】

(れい)

弟が お母さんに おこられる。

弟が お母さんに しかられる。

①

②

③

97頁

はんたいの いみの ことばを つかった 文作《ぶんづく》り ①

名前

● ――線《せん》の ことばを 絵《え》を 見《み》て (　) の ことばに 言《い》いかえて、文《ぶん》を 書《か》きなおしましょう。

①

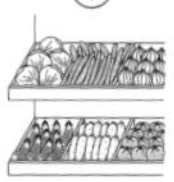

スーパーで、やさいを売《う》る。(買《か》う)

スーパーで、やさいを買う。

②

みんなで、上《うえ》をむく。(下《した》)

みんなで、下をむく。

③

今日《きょう》は、いつもよりさむい。(あつい)

今日は、いつもよりあつい。

④

ぼくは、ふくをきる。(ぬぐ)

ぼくは、ふくをぬぐ。

98頁

はんたいの いみの ことばを つかった 文作《ぶんづく》り ②

名前

● ――線《せん》の ことばを はんたいの いみの ことばに 言《い》いかえて、文《ぶん》を 書《か》きなおしましょう。

①

線《せん》をたてに引《ひ》く。

線をよこに引く。

②

父《ちち》は、左《ひだり》ききだ。

父は、右ききだ。

③

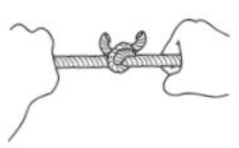

ほそいひもをむすぶ。

太いひもをむすぶ。

④

やわらかいベッドでねる。

かたいベッドでねる。

解答例

本書の解答は，あくまでもひとつの例です。児童に取り組ませる前に，必ず指導される方が問題を解いてください。指導される方の作られた解答をもとに，児童の多様な考えに寄り添って○つけをお願いします。

99頁

はんたいの いみの ことばを つかった 文作《ぶんづく》り ③-(1)　名前

● つぎの 【 】の ことばは、はんたいの いみの ことばの 組《く》み合《あ》わせです。ことばを 一《ひと》つずつ つかって、それぞれ 文《ぶん》を 作《つく》りましょう。

① 【ふかい ・ あさい】

ふかい 海に もぐる。

あさい 川で あそぶ。

② 【大《おお》きい ・ 小《ちい》さい】

(れい)

ぞうは とても 大きい。

ありは とても 小さい。

③ 【かつ ・ まける】

(れい)

サッカーの しあいに かつ。

サッカーの しあいに まける。

99

100頁

はんたいの いみの ことばを つかった 文作《ぶんづく》り ③-(2)　名前

● つぎの 【 】の ことばは、はんたいの いみの ことばの 組《く》み合《あ》わせです。ことばを 一《ひと》つずつ つかって、それぞれ 文《ぶん》を 作《つく》りましょう。

① 【長《なが》い ・ みじかい】

(れい)

なわとびの なわが 長い。

なわとびの なわが みじかい。

② 【明《あか》るい ・ くらい】

(れい)

へやが 明るい。

へやが くらい。

③ 【はやい ・ おそい】

(れい)

車が はやい スピードで 走る。

車が おそい スピードで 走る。

100

101頁

ようすを あらわす ことばを つかった 文作《ぶんづく》り ①　名前

● □に 入《はい》る あてはまる ことばを、□から えらんで、文《ぶん》を 書《か》きましょう。

① 

ゆかを ごしごし みがいたので、とても ぴかぴか になった。

・ごしごし　・ぴかぴか

② 

ふわふわ のふとんで、ぐっすり ねむる。

・ぐっすり　・ふわふわ

③ 

おり紙を びりびり やぶって、画用紙に ぺたぺた はる。

・ぺたぺた　・びりびり

101

102頁

ようすを あらわす ことばを つかった 文作り ②　名前

● 絵《え》を 見《み》て □に あてはまる ことばを、□から えらんで、文を 書《か》きましょう。

① かえるみたいに とびはねる。

② こおりみたいな つめたい手。

・こおりみたいな　・かえるみたいに

③ ゆめのような 楽しい時間だ。

④ 魚のように 上手におよぐ。

・ゆめのような　・魚《さかな》のように

①

②

③
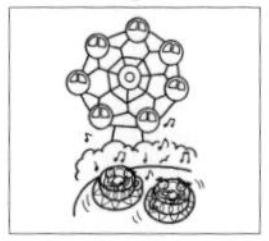

④

102

103頁

ようすを あらわす ことばを つかった 文作《ぶんづく》り ③-⑴

名前

● つぎの ようすを あらわす ことばを つかって、文《ぶん》を 作《つく》りましょう。

〔れい〕 くるくる

こまが くるくる 回る。

① ごくごく

（れい） 水を ごくごく のむ。

② ぶるぶる

（れい） さむくて ぶるぶる ふるえる。

③ きらきら

（れい） 夜空に 星が きらきら かがやく。

④ よちよち

（れい） 赤ちゃんが よちよち 歩く。

104頁

ようすを あらわす ことばを つかった 文作《ぶんづく》り ③-⑵

名前

● つぎの ようすを あらわす ことばを つかって、文《ぶん》を 作《つく》りましょう。

① ぐっすり

（れい） 赤ちゃんが ぐっすり ねむる

② ぴったり

（れい） なべの ふたを ぴったり しめる。

③ ずっしり

（れい） かばんが ずっしり おもい。

④ こっそり

（れい） どろぼうが こっそり しのびこむ。

⑤ ぎっしり

（れい） はこに ぎっしり つめこむ。

105頁

ようすを あらわす ことばを つかった 文作《ぶんづく》り ④

名前

● ようすを あらわす ことばを つかって、つぎの 絵《え》の ようすを あらわす 文《ぶん》を 二《ふた》つずつ 書《か》きましょう。

①

雨が ザーザー ふって いる。

（れい） かみなりが ゴロゴロ なって いる。

②

お日さまが ぽかぽかと あたたかい。

（れい） おにぎりを もぐもぐ 食べる。

106頁

（107頁は略）

くらべて 書《か》いてみよう ①

名前

⑴ くだものの「りんご」と「なし」に ついて、同《おな》じ ところと ちがう ところを さがしましょう。□から えらんで（ ）に 書《か》きましょう。

・同《おな》じところ （かたち）

・ちがうところ （あじ）（色）

あじ ・ かたち ・ 色《いろ》

⑵「りんご」と「なし」を くらべる 文《ぶん》しょうを 書《か》きましょう。

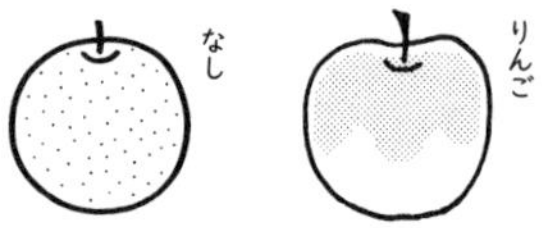

わたしは、りんごと なしを くらべました。

同じところは、かたちです。

ちがうところは、あじと色です。

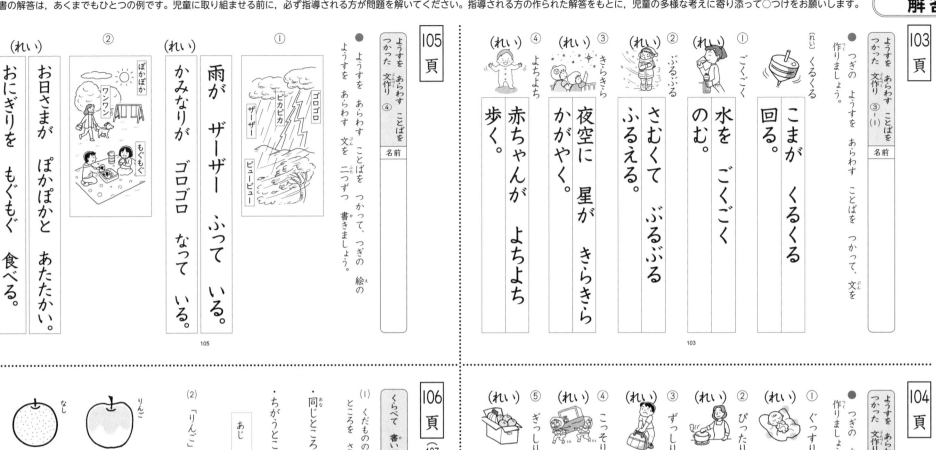

解答例

本書の解答は，あくまでもひとつの例です。児童に取り組ませる前に，必ず指導される方が問題を解いてください。指導される方の作られた解答をもとに，児童の多様な考えに寄り添って○つけをお願いします。

108頁 （109頁は略）

できるように なった ことを 書《か》こう ①

名前

(1) できるように なった ことを つたえる 文《ぶん》しょうを 書《か》きましょう。

① できるように なった こと

二じゅうとびをれんぞくで二回とべた。

② できるように なるまでの こと

なわをもたずに、とぶれんしゅうをした。

③ できた しゅんかんの こと・かんじた こと など

とてもうれしかった。

つぎは十回れんぞくでとんでみたい。

(2) (1)で 書《か》いた 文《ぶん》しょうを まとめて 書《か》いてみましょう。

わたしは、二じゅうとびをれんぞくで二回とべるようになりました。れんしゅうでは、なわをもたずにとんでいました。できたときは、とてもうれしかったです。つぎは、十回れんぞくでとんでみたいです。

110頁

手紙《てがみ》を 書《か》いてみよう ①

名前

(1) みの まわりの 人《ひと》の すてきな ところを 書《か》き出《だ》しましょう。

・手紙《てがみ》をおくる人《ひと》

お兄ちゃん

・すてきなところ

かしこいところ

・そう思《おも》ったわけ

わたしに国語や算数を教えてくれる。

(2) (1)で 書《か》いた ことを まとめて、手紙《てがみ》を 書《か》いてみましょう。

お兄ちゃんへ

お兄ちゃんのすてきなところは、かしこいところだと思います。わたしがべんきょうをしているときに、国語や算数を教えてくれるところが、すてきだと思います。

111頁 （112頁は略）

手紙《てがみ》を 書《か》いてみよう ②

名前

(1) みの まわりの 人《ひと》に かんしゃして いる ことを 書《か》き出《だ》しましょう。

・手紙《てがみ》をおくる人《ひと》

お母《かあ》さん

・かんしゃしていること

いつもおいしいごはんを作《つく》ってくれる。かぜをひいたとき、かんびょうしてくれた。

(2) (1)で 書《か》いた ことを まとめて、手紙《てがみ》を 書《か》いてみましょう。

お母さんへ

いつも、おいしいごはんを作ってくれて、ありがとう。それから、この前は、かぜをひいたとき、やさしくかんびょうしてくれて、ありがとう。これからもよろしくおねがいします。

喜楽研 WEB サイト
書籍の最新情報（正誤表含む）は
喜楽研 WEB サイトをご覧下さい。

喜楽研の支援教育シリーズ
もっと　ゆっくり　ていねいに学べる　個別指導に最適

作文ワーク 基礎編 2-②「読む・写す・書く」

光村図書・東京書籍・教育出版の
教科書教材より抜粋

2023 年 4 月 2 日

イ ラ ス ト：山口　亜耶・浅野　順子　他
表紙イラスト：鹿川　美佳
表紙デザイン：エガオデザイン
企 画 ・ 編 著：原田　善造・あおい　えむ・堀越　じゅん・和田　莉奈・今井　はじめ
さくら　りこ・中　あみ・中　えみ・中田　こういち・なむら　じゅん
はせ　みう・ほしの　ひかり・みやま　りょう（他４名）
編 集 担 当：岡口　洋輔・田上　優衣・長谷川　佐知子

発 行 者：岸本　なおこ
発 行 所：喜楽研（わかる喜び学ぶ楽しさを創造する教育研究所：略称）
〒604-0827　京都府京都市中京区高倉通二条下ル瓦町 543-1
TEL 075-213-7701　FAX 075-213-7706　HP https://www.kirakuken.co.jp
印 刷：株式会社米谷

ISBN : 978-4-86277-436-1

Printed in Japan